De

....

Para

....

Fecha

....

Esencia

Relatos inspiradores
del diario vivir

Michelle Estepa Cardona

Director de arte: Marc A. Quintero Estepa

ISBN: 9798639005794

Impreso en Estados Unidos de América
Autora Independiente

Índice

• • •

Dedicatoria

A las mujeres de mi vida. Las que más amo, las que saben dibujar una sonrisa en mis labios y en mi corazón aún estando lejos de mí:

A mí amada hija, Dachelle Ellysse, mi princesa, mi tesoro. Eres una petición contestada y una bendición para todo el que te conoce. Recibe este legado de amor y fe para que cuando crezcas seas una mujer virtuosa e impactes tu generación.

A mi madre Elizabeth Cardona y mis hermanas Myra, Nancy , Lissette, Rosaira y Ana. ¡Las amo como no imaginan!

A mis amigas de siempre, las que han sabido soñar conmigo y escuchar cada una de mis ocurrencias. ¡Ustedes saben quiénes son! ¡Cuán bendecida soy al contar con su amistad!

A ti mujer que me lees...Eres amada, Eres valorada, Eres maravillosa, Eres hija de nuestro Dios.

A todas, ¡Las bendigo!

Michelle Estepa

Prólogo

Cada vida carga en sí una Esencia. podemos parecernos en muchas áreas, sin embargo, cada ser humano tiene una identidad que nos acompaña en todo momento. Esencia tenemos cada día, como el perfume que destila de las flores. Esencia es la base de todo en el corazón que vive situaciones a diario. Esencia es el ingrediente que Dios nos dio para vivir cada momento al máximo.

Una de las grandes cosas que disfruto más en la vida es la lectura. La lectura nos permite reflexionar acerca de la vida y la manera que podemos ser agradecidos, a medida que vamos pasando por procesos que son necesarios. El arte de escribir y llegar a la vida de alguien mas es un don hermoso que podemos utilizar para ser de bendición a una sociedad que necesita conocer que, en medio de todos los procesos, podemos salir adelante con Dios.

Como escritora y compositora, cada línea que escribo busco que sea con sentido de reflexión y como lectora busco que cada línea que pueda leer me llene de paz y todo sentimiento que me acerca a Dios.

Sin duda, ha sido una gran bendición leer el libro "Esencia". Es un libro que te lleva a pensar en esas situaciones cotidianas que podemos convertir en grandes enseñanzas. Piensas en esas frases que marcan nuestra vida y podemos compartir con alguien para establecer, que sin duda, todo obra para bien.

"Esencia" carga vivencias que impactaron mi corazón. A su vez, al final de cada una de ellas me hacía reflexionar en cosas similares que pude haber vivido. Es una experiencia única, que te invito a experimentar, al leer un libro que es como medicina para el alma en cualquier situación. Un libro que en cada capítulo te da la oportunidad de entregar la enseñanza y anclarla a una oración de fe. Una lectura sencilla, pero profunda. Una lectura que te conecta y quieres seguir leyendo porque sabes que hay más.

"Esencia" te brinda la oportunidad de escribir tus palabras al final de cada capítulo, lo que es muy práctico para los que hacemos anotaciones y establecemos cambios.

En fin, quiero decirte que si estás pasando una situación difícil o quieres mantenerte conectado con Dios en medio de las situaciones cotidianas que podemos experimentar, este libro es para ti. Conecta con las vivencias de una gran mujer, pastora, amiga, madre, esposa, hermana, hija y sierva de Dios que nos hace creer, mucho más, en la oración en medio de todo momento vivido.

Gracias por darme la oportunidad de ser parte de esta lectura única y enriquecedora.

¡Dios te bendiga, siempre!

Damaris Cruz López

Autora del libro: No naufragaré;
La voz de un valiente se escucha en alta mar

Prefacio

El perfume es una mezcla de fragantes aceites esenciales y compuestos aromáticos, solventes y fijadores, utilizados para dar vida a un agradable aroma.

Así como una fragancia puede perfumar y transformar un ambiente, nuestras decisiones, actitudes y valores pueden transformar nuestras vidas llevándonos a un pleno desarrollo de lo que somos o lo que seremos.

En las páginas de este libro devocional encontrarás mis vivencias, la esencia de lo que soy como madre, amiga, esposa, ¡Como mujer! En cada escrito desnudo mi alma y mi corazón, mientras entre letras y versos comparto mi fe y mi amor por Dios, por mi familia, mis amigos y por la vida misma en sí.

Después de cada reflexión comparto contigo una oración y un espacio para meditar en el mensaje leído y, cual diario de vida, puedas escribir tu propia historia de lo que Dios ha hecho, está haciendo y continuará haciendo en ti.

Es mi sincera oración que, mientras recorres a través de este libro por los pasillos de mi vida, puedas identificarte con la tuya y juntas podamos descubrir la *Esencia* de lo que Dios ha destinado para nosotras...

Con amor,

Michelle Estepa

"Vivamos sin reproches,

Riamos hasta que lloremos,

Amemos hasta que muramos

Porque al final la vida,

Doña Vida sigue

Sin temor a desaparecer…"

Fragmento del poema ¨**La Vida Sigue**¨

de Michelle Estepa Cardona

Esencia

03/09/10

Hoy hablé con mi hermana. ¡Hacía mucho tiempo que no hablábamos! No fue una conversación larga, duró apenas unos minutos pero, ¡Qué bien me hizo sentir escucharla y saber de ella! Reímos como niñas al recordar viejos tiempos. Hablamos brevemente de nuestras faenas diarias. Volvimos a reír al contarnos anécdotas de nuestros hijos y luego nos despedimos, no sin antes, ella entre risas, acordarme una frase que cuando pequeñas vimos en un pote de limpiador para muebles de madera, y que nos aprendimos con la idea de competir entre nosotras para ver quien la recordaba por más tiempo: *"Furniture wax with Lemmon oil"*.

Al colgar el teléfono sentí una mezcla de sentimientos, de nostalgia, de alegría, de ganas de reír y de llorar a la vez. Porque a veces sumidos en la rutina de nuestra "adultez" nos olvidamos de las cosas sencillas de la vida que una vez nos hacían reír. Olvidamos con frecuencia lo que se siente vivir entre hermanos o cantar como niños salpicando charcos bajo la lluvia. A veces olvidamos abrazar a un anciano o hacer reír a un niño. Muchas veces se nos escapan las palabras y no le decimos a la gente que realmente añade valor a nuestras vidas un breve *"Gracias"*. Un simple *"Te quiero"*. Un sincero *"Te amo"*.

A menudo nos encontramos preocupados por trabajar duro y proveer a nuestras familias cada una de sus necesidades básicas, pero descuidamos las cosas más importantes que no tienen precio, y que su valor es incalculable; como un abrazo, una palabra de ánimo, una llamada inesperada o un simple beso porque sí.

La vida nos regala, día a día, una nueva oportunidad para hacer cosas diferentes, pensar cosas diferentes, actuar de manera diferente. Y esas oportunidades serán el legado que dejaremos en nuestro paso por la vida para aquellos que más amamos.

Deseo para mis hijos una herencia de valores y principios familiares inquebrantables. Deseo para ellos la capacidad de amar y ser amados, deseo que vivan la vida a plenitud y en armonía. Y que al final del día ellos puedan cerrar sus ojos y valorar la esencia de la familia, de la felicidad y de la vida.

¡¡Gracias hermana por tu llamada inesperada!!

♥♥¡¡Te amo!!♥♥

"Guíame, pues eres mi roca y mi Fortaleza, dirígeme por amor a tu nombre."

Salmos 31.3

****

Oremos:

Señor, te doy gracias por mi familia. Gracias por todo cuanto he recibido de ti. Ayúdame a nunca olvidar que cada día es una nueva oportunidad para sembrar en la vida de alguien que lo necesite. Guía mis pasos para hacer tu voluntad siempre. Gracias Jesús…Amén.

****

Mi diario de vida:

_____

_____

_____

_____

_____

_____

_____

_____

_____

_____

_____

_____

_____

_____

_____

_____

_____

_____

"Tranquilo, aquí está Papá"

03/31/2010

Hay momentos en nuestras vidas que nos marcan tan profundo que ya nunca más volvemos a ser los mismos. Hay recuerdos que guardamos en el más recóndito espacio de nuestros corazones; que en el momento menos esperado o tal vez cuando más lo necesitamos, esos recuerdos nos visitan y son un bálsamo en medio de nuestras circunstancias.

Recuerdo la primera vez que nuestro segundo hijo visitó el dentista. Previo a su visita, mi esposo y yo tratamos de preparar emocionalmente al niño para su nueva experiencia. Le hablamos de lo que el dentista haría y de cómo cuidaría sus dientecitos. Le dijimos que el dentista era su amigo y que le haría un bien. Le explicamos que tal vez sentiría alguna molestia cuando estuvieran trabajando en su boquita, pero que eso era parte del proceso y no debería preocuparse porque cuando menos lo pensara ya todo iba a estar arreglado.

De primera intención el niño estaba muy emocionado porque iba a ser una experiencia totalmente diferente ¡Tendría una nueva aventura! Y nosotros como padres estábamos complacidos y orgullosos por lo "valiente" que era nuestro pequeño retoño. Sin embargo, cuando llegó el gran día, el panorama comenzó a cambiar.

Una vez entramos a la oficina, nuestro pequeño campeón comenzó a dudar de su nueva experiencia. Estaba muy ansioso y preocupado porque no sabía a ciencia cierta lo que le esperaba. Antes de entrar al cuarto donde trabajarían sus dientecitos comenzó a sollozar y cuando lo acostaron en la camilla y vio los instrumentos que el dentista utilizaría, comenzó a llorar.

En el momento en que comenzó a sentir las molestias, el llanto aumentó a niveles exagerados y los gritos eran tan fuertes que retumbaban por la oficina, de tal forma, que parecía que las paredes se derrumbaban. Estaba descontrolado, asustado y no había forma de tranquilizarlo. Nada de lo que el médico le dijera o hiciera lo hacían entrar en razón.

Entonces, mi esposo que en todo momento estuvo a su lado, tomó su manita y acariciándola con ternura le susurraba amorosamente al oído, repitiéndole una y otra vez: *"Tranquilo...Aquí esta Papá...No te soltaré, pasaremos este momento amargo juntos".* Al escuchar la voz de su papito hablándole al oído, el niño comenzó a tranquilizarse poco a poco hasta que el doctor logró terminar el proceso.

Al observar esta escena, mis ojos se humedecieron y lágrimas de agradecimiento rodaban por mis mejillas, porque pude ver reflejado en esta experiencia el amor de Dios hacia nosotros. Tantas veces nos enfrentamos a situaciones difíciles y desconocidas que nos hacen sentir solos, abandonados, abatidos y sin fuerzas para continuar. Sentimos que el mundo se nos viene abajo y lloramos y gritamos como niños; sin darnos cuenta que nuestro amante Padre Celestial siempre ha estado a nuestro lado, nunca nos ha dejado y con ternura nos abraza y nos susurra: *"Tranquilo(a), aquí está Papá. No te soltaré, pasaremos este momento amargo juntos".*

En cada experiencia Dios nos regala la oportunidad de verlo a Él obrando a nuestro favor. Cada situación difícil que se nos presenta nos ayudará a crecer. Sí, es cierto que la incertidumbre en ocasiones causa miedo y desconfianza. Pero aunque el camino sea oscuro y desconocido, aunque el proceso sea largo y tedioso, aunque nos sintamos débiles, nuestra fe flaquee, nuestros pasos aminoren y el miedo nos arrope, ¡Recobremos nuevas fuerzas! ¡Armémonos de valor! ¡Preparemos nuestro corazón! Y escuchemos a nuestro Padre Celestial susurrándonos con amor *"Tranquilo(a), aquí* está Papá. No te soltaré, pasaremos este momento amargo juntos".

"No temas porque Yo estoy contigo. No desmayes porque yo soy tu Dios que te esfuerzo, siempre te ayudaré, siempre te sustentaré con la diestra de mi justicia."

Isaías 41.10

****

Oremos:

Señor mi Dios, ¡Cuán duro se me hace el camino a veces! ¡Cuántas situaciones inesperadas me llegan! Y en ocasiones me aterra saber que tengo que enfrentarme sola a lo desconocido. ¡Ayúdame cada día a confiar más en ti! Muéstrame que tu amor que sobrepasa mi entendimiento, es perfecto y que nunca me abandonará. Gracias Abba, porque tengo la certeza de que aún en mi debilidad tu poder en mi vida se perfeccionará. Por Cristo Jesús. Amén.

****

Mi diario de vida:

_____

_____

_____

_____

_____

_____

_____

_____

_____

_____

_____

_____

_____

_____

_____

_____

_____

_____

_____

_____

_____

Con las manos en alto

04/25/2010

Hace algún tiempo fui de vacaciones con mi familia en un viaje de crucero. Participamos de todas las actividades posibles; comimos, cantamos y conocimos nuevas personas. ¡Qué bien la pasamos! ¡Qué mucho disfrutamos!

Una de las atracciones principales del barco era una pared de escalar de 30 pies de alto ubicada en el último piso de la nave; al aire libre, desde donde podías observar la majestuosidad del mar y contemplar la inmensidad del cielo. El concepto del "juego" era que las personas tenían que escalar la pared en el menor tiempo posible y al subir los 30 pies tocar una campana que colgaba en la cima. Una vez lograras alcanzar la campana; el entrenador quien era todo un experto en la materia, soltaba la soga y la persona caía poco a poco hasta llegar nuevamente a suelo firme.

Mi esposo; quien en viajes anteriores había logrado escalar una pared similar y nuestro hijo mayor; quien para ese entonces tenía 14 años, quisieron escalar la pared y demostrar sus habilidades de alpinistas. El primero en participar fue mi esposo quien muy emocionado se preparó para su gran hazaña. Se puso el casco, las rodilleras, los zapatos especiales y los guantes. Junto al entrenador se puso el cinturón, le amarraron la soga y listo ¡A subir se ha dicho! Comenzó su travesía hasta lograr llegar a la meta y tocar la campana. El entrenador soltó la soga y poco a poco mi esposo pisó suelo firme nuevamente. Al llegar, fue todo un evento familiar, los espectadores aplaudían y él se sentía orgulloso pues había logrado su cometido.

Entonces le tocó el turno a nuestro hijo quien aguardaba ansioso y había estado observando detenidamente los pasos de su padre. Se preparó con la indumentaria requerida, se puso el cinturón, le amarraron la soga y comenzó el reto. Los primeros pasos fueron un poco inciertos, pisaba las rocas equivocadas y resbalaba con otras, pero lentamente continuó en su intento. Al llegar a la mitad de la pared, ya sus piernas y sus brazos estaban cansadas, el sol apretaba y la sensación de estar pendiendo de una soga no era la mejor. Comenzó a mirar hacia abajo y a bajar las manos. El desanimo llegó a él creando el deseo de quitarse, de rendirse, de no continuar.

Al percatarse de lo que estaba ocurriendo; entre nervios su abuela y algunos espectadores comenzaron a gritarle *"Quítate, ¡Lo intentas en otra ocasión!"* A lo que acto seguido mi esposo les contradijo gritándole sin parar: *"¡No te quites, tu puedes, yo voy a ti!"* Y le dio instrucciones claras y especificas: *"Sube las manos y no mires hacia abajo".*

Luego de un rato de incertidumbre el

chico recobró fuerzas y confianza. Y siguiendo las instrucciones precisas de su padre continuó en ascenso hasta lograr alcanzar la campana y con la emoción de haber alcanzado una meta, tocarla con tal fuerza que su sonido cruzó el mar y alcanzó el cielo. Entonces, con satisfacción se dejó caer *sabiendo que era sostenido por un experto* y que pronto sus pies estarían de regreso en suelo firme.

Entre vítores, abrazos, palmadas de felicitación y aplausos fue recibido. Todo era algarabío. Su abuela entonces le dijo: *"Yo estaba preocupada por ti porque pensé que no lo lograrías"* A lo que mi hijo sin mediar palabras le contestó: *"Por un momento yo también dudé, pero al escuchar la voz de Papá supe que todo iba a estar bien y entonces confié."*

¿Cuántas veces en nuestras vidas nos encontramos frente a montañas rocosas, difíciles de escalar que nos llenan de miedo y nos quitan el deseo de continuar?

¿Cuántas veces ante la adversidad nos hacemos débiles, bajamos nuestras manos y quitamos la mirada del blanco de nuestra meta? ¿Cuántas veces ante los retos que la vida nos presenta escuchamos voces que nos invitan a dejarlo todo y volver atrás?

Si nos mantenemos escuchando detenidamente la voz de nuestro Padre y seguimos fielmente sus instrucciones, no habrá reto que no podamos lograr. Si descansamos en la promesa de que El estará con nosotros todos los días y hasta el fin del mundo estaremos seguros que nuestros pies tocaran tierra firme y nada ni nadie nos dañará.

Mantengámonos escalando la pared de la vida y aunque las piedras, el calor y el cansancio minen nuestras fuerzas, afinemos nuestros oídos para escuchar la voz de nuestro Padre Celestial diciéndonos a viva voz: *¡No te quites, tú puedes, yo voy a ti!*

Continuemos nuestro caminar con las manos en alto y la vista puesta en la meta pues al alcanzarla tocaremos la campana de la victoria y su sonido de esperanza inundará nuestras vidas. Entonces tendremos la certeza de que nuestros pies tocarán tierra firme y descansaremos confiados.

"Alzaré mis ojos a los montes, ¿De dónde vendrá mi socorro? Mi socorro viene de Jehová que hizo los cielos y la tierra"

Salmos 121:1

****

Oremos:

Amado Jesús, ¡Cuantas dificultades llegan a nuestras vidas que nos hacen querer
retroceder! Ayúdanos a confiar en ti y en
tus cuidados teniendo la certeza de que tú
siempre estarás en control y que podremos
correr a ti para encontrar socorro en medio
de la adversidad. Permítenos escuchar tu
voz en medio del caos y seguir tus instrucciones. ¡Te necesitamos Dios! Amén.

****

Mi diario de vida:

_____

_____

_____

_____

_____

_____

_____

_____

_____

_____

_____

_____

_____

_____

_____

_____

_____

_____

_____

Uno de esos días...

05/24/2010

Era uno de esos días en los que me sentía triste. Hacía solo una semana había perdido inesperadamente a un familiar muy cercano a mi corazón. Me sentía sola pues mis hermanas quienes viven fuera del país habían venido para el velatorio; pero tuvieron que regresar a sus respectivos hogares y reincorporarse a sus faenas diarias, dejándome con una sensación de vacío difícil de explicar.

Me sentía frustrada pues aún no había logrado alcanzar unas metas trazadas. Estaba enojada con todos y por todo. Me sentía olvidada por Dios, rechazada y totalmente desmotivada. Tenía deseos de gritar, de salir corriendo y huir de toda la pesadumbre que me invadía. El desaliento había logrado penetrar en mí y yo misma había autorizado a la depresión a hacer fiesta en mi vida. Ese día ni el perfume más aromático tenía olor para mí.

Entonces sucedió algo inesperado que llegó a mi rescate. Mi pequeña hija; que en aquel entonces tenía apenas 5 añitos, irrumpió en la habitación donde decidí encerrarme para compadecerme de mi misma y sentirme como una mártir.

Con su tierna vocecita simulando el sonido de una trompeta anunció con gran emoción: *"♪Tan, tara, ran♫"*. La miré con ojos de sorpresa, pero a la vez deseando que me dejara sola para continuar revolviéndome en la miseria emocional que me arropaba. Mas ella en su inocencia, no se dejó intimidar con mi actitud y acto seguido levantando su manita derecha en un puño con algo adentro que no pude descifrar muy bien, anunció con alegría: *"¡¡¡¡Este- es- para- mamaaaaaaaaaa!!!!"*. Con una gran sonrisa dibujada en sus labios y sus ojos destellando una alegría sin igual me entregó lo que tenía en su manita, me dio un beso en la mejilla y sin mediar palabras salió de la habitación dando saltitos de felicidad.

Con gran curiosidad abrí "el regalito". Al verlo, mis ojos se nublaron de lágrimas y mi corazón comenzaba a respirar un nuevo aire. Era una piedrecita con mi nombre escrito en ella. Recientemente unos amigos muy queridos me la habían regalado en un retiro de jóvenes de mi Iglesia ¡el cual yo misma había organizado!

El significado de la piedra con el nombre impreso era un recordatorio de que Dios tenía nuestros nombres grabados en la palma de su mano. Era símbolo de su promesa de que El estaría con nosotros y que El no se olvidaba del pacto que había hecho con los suyos.

En ese preciso momento comprendí que Dios estaba hablando a mi corazón y que con la ternura de una niña de cinco añitos me decía: *"Yo estoy aquí, no te he dejado, Yo siempre recuerdo mi pacto, Yo te amo porque tú eres mi hija."*

Pude sentir en una brisa suave el consuelo de Dios y sus brazos cubriéndome con amor, sanando mi corazón que en ese momento sangraba de dolor.

De repente una presencia hermosa invadía mi ser y con lágrimas en mis ojos pude percibir una dulce fragancia que perfumaba mi vida, llevándose la desolación que imperaba en mí e inundándome de una paz indescriptible, la paz que solo Dios sabe dar.

Con la piedra apretada fuertemente en mi mano contra mi pecho y lágrimas brotando de mis ojos, di gracias a Dios por su amor, por la sabiduría de una pequeña de cinco añitos que supo obedecer su voz y llegar en mi rescate para sacarme del hoyo en el que me encontraba y como un rayo de sol iluminar mi corazón que se encontraba vacío, haciéndolo rebosar de vida y de color.

"He aquí que en las palmas de mis manos te tengo esculpida, delante de mi están siempre tus muros." Isaías 49.16

****

Oremos:

Amado Padre Celestial, ¡Cuantas dificultades encontramos en el camino de la vida! Ayúdame a entender que tú siempre estarás de mi lado y que nunca me vas a abandonar. Enséñame que tú tienes el control y que jamás olvidarás el pacto que existe entre tú y yo. Perdóname porque en mi humanidad a veces me ataca la duda, la desesperanza, el temor, pero gracias porque en tu fidelidad me demuestras tu amor sanado mi corazón. En el dulce nombre de tu hijo Jesús, Amén.

****

Mi diario de vida:

_____

_____

_____

_____

_____

_____

_____

_____

_____

_____

_____

_____

_____

_____

_____

_____

_____

_____

_____

_____

_____

Cuatro Cabellos Blancos

07/24/2011

Se acercaba el día de mi cumpleaños y quería lucir regia para la ocasión, por lo que decidí ir de compras y buscar un bonito vestido para celebrar mi día en compañía de mi familia y amigos más allegados, aquellos que habían logrado penetrar en mi vida de tal forma que con su presencia habían aportado en mí para ser la persona que era.

Mientras me acicalaba el cabello para salir pude notar sorpresivamente cuatro cabellos blancos que se entremezclaban entre mis demás cabellos oscuros. ¡Oh Dios! ¡No puede ser! ¡Cuatro canas! ¡Yo estaba horrorizada! Si bien sabía que tener canas no era el fin del mundo ¡Para mí era algo alarmante! Siempre había tenido el concepto de que las canas eran de gente vieja y yo apenas iba a cumplir 38 añitos.

¡Todavía tenía planes para mi vida familiar, profesional y ministerial que quería ver concretados!

Además, tener canas no era exactamente el regalo de cumpleaños que yo deseaba. Hubiera preferido una cartera o un buen perfume, tal vez un buen libro, una sortija o unos aretes, pero ¿canas? ¡No, no, no! ¡Eso sí que no! Tenía que hacer algo y eso era ¡YA! No podía recibir un nuevo año de vida sintiendo que mi juventud se escapaba como el agua entre los dedos. Así que tome la firme decisión de ir a toda prisa a la tienda de efectos de belleza para comprar unos frascos de tinte permanente para el cabello y de esa manera acabar con esas odiosas, cuatro inesperadas intrusas que habían llegado a mi vida para alterar mis sentidos y hacerme deslucir.

Al llegar a la tienda y mientras buscaba desesperadamente entre los anaqueles no pude evitar notar la cantidad de mujeres que había en el lugar. Mujeres de diferentes edades buscando algún producto que realzara su belleza. Desde muchachas jóvenes que aparentaban no tener mucha experiencia de vida hasta mujeres adultas deseando; como yo, cubrir sus canas y ocultar el paso del tiempo por sus vidas. Algunas sonreían emocionadas por el cambio de imagen, otras parecían cansadas físicamente pero con un deseo genuino de renovación y satisfacción personal. Pese a que todas éramos diferentes y no nos conocíamos, todas teníamos algo en común: *El deseo de embellecernos.*

Al darme cuenta de lo que estaba viviendo me detuve por un momento a analizar. Me di cuenta que como mujeres muchas veces sentimos la necesidad de lucir regias solo porque sí. Nos encanta vernos bien y que nuestras parejas nos halaguen. Nos gusta que nos digan cosas bonitas o cuán maravillosas somos. Queremos que la gente nos mire con agrado y nos digan cuán delicadas o femeninas nos vemos, cuán hermoso nuestro cabello o que bien nos luce el vestido.

Desde pequeñas jugamos a ser grandes y nos enseñan que tenemos que estar siempre arregladas ¡Hasta nos regalan maquillaje de juguete y todo tipo de accesorios para resaltar nuestra belleza y añadir esplendor a nuestra personalidad! Todas de alguna manera u otra tenemos nuestro grado de vanidad. ¡Eso es parte de ser mujer!

Sin embargo me he dado cuenta que a medida que pasa el tiempo y nos vamos convirtiendo de niñas en mujeres, en ocasiones olvidamos que nuestra verdadera belleza no proviene del maquillaje, de los vestidos o de las joyas que podamos lucir. Nuestra verdadera belleza proviene de quienes somos como personas, de la candidez de nuestros sentimientos, de la pureza de nuestros actos y la dulzura de nuestras palabras, de la sinceridad con la que amamos, de nuestra entrega desmedida hacia quienes admiramos, de la devoción que hacia nuestras familias demostramos, de nuestras cálidas sonrisas que mitigan la ansiedad en nuestros hijos, de la esperanza que brindamos en un abrazo a nuestros amigos, de nuestra sensibilidad ante la injusticia, de la firmeza de nuestras decisiones, de la fuerza y tenacidad que demostramos ante la adversidad, de la pasión con la que defendemos nuestros ideales y de la ternura con que acariciamos la vida.

Hay quien ha dicho que la belleza es relativa y que la verdadera belleza proviene de adentro, del alma, del corazón. Y pensándolo bien, yo creo que es verdad. Porque nada puede igualar un corazón sensible y alegre que hace hermosear nuestro rostro.

Protejamos nuestro corazón de toda inmundicia y adornémoslo con los valores y principios inquebrantables que una vez aprendimos, aquellos que nos hacen fuertes y bellas como personas y nos enriquecen el alma sin necesidad de aditivos externos.

"Sobre toda cosa guardada, guarda tu corazón; Porque de él mana la vida"

Proverbios 4:23

****

Oremos:

Amante Padre Celestial, protege mi corazón de los daños externos que en la vida se pudieran presentar. Permíteme ser la mujer que tu quieres que yo sea, conforme a tu corazón. Déjame reflejar tu amor y que siempre haya una sonrisa en mis labios y en mi corazón. En tu dulce nombre, Jesús. ¡Amén!

****

Mi diario de vida:

_____
_____
_____
_____
_____
_____
_____
_____
_____
_____
_____
_____
_____
_____
_____
_____
_____
_____
_____
_____
_____

To live or to die

01/30/2012

Disclaimer: The following experience was lived by my husband C. David Quintero. Yet I put his words in to writing. The names of our friends have been changed to protect their identities. If you are suffering from anxiety or depression and are having suicidal thoughts, PLEASE SEEK HELP! Suicide is never the answer!

"Why do people commit suicide? Why live a life so pitiful that you decide to end it yourself? Why make your loved ones suffer the loss of a person close to their hearts, leaving them with a feeling of emptiness, helplessness and overwhelmed emotions? Why, why, why?

So many questions left unanswered. The more you think about it, the more frustrated you get. My friend Antonio never gave me a chance to understand. In his final days; he was so emotionally torn up he wouldn't listen to anybody.

When I first met Antonio, he was a nice guy who liked to talk and was always ready to help others. Never worried or stressed out he always had a smile on his face. He was starting to date my wife's good friend Lauren. They were two of a kind, so right for each other. He had a kid my son's age. Father and son were crazy about each other. His life was on track or so it seemed. As time passed, Antonio and Lauren became closer and decided to move in together. They bought a house and formalized their relationship, although they never got married.

After some time, things began to change for the worst in Antonio's life. He had an accident in his job and eventually got laid off. His catering business had dropped. Debts and creditors were constantly nagging him and his relationship with Lauren was tearing apart. As the days passed, Antonio felt rejected, unable, angry, hurt, unwanted, unloved, victimized and like a burden to others. He was so affected by all his situations that depression made a huge entrance in his life.

On September 5th, 2008 while having lunch at my home I received a phone call from my wife asking if I could go talk to Antonio. Lauren had called my wife saying she was worried because Antonio had paged her in several occasions and left various messages on her phone with the intentions of ending his life. He wanted to see her for the last time. My heart started beating so fast it was as if I had ran 100 miles without a rest. I feared for my friend's life.

As quickly as I could I went to see Antonio. I knocked on the door many times shouting his name "Antonio, Antonio open up!" I knew he was there. I could hear him babbling words and playing with something that sounded "click, clack". He muttered my name and asked to be left alone. I called him on the phone, he never answered. Instead, through the window I saw him standing up and heading to his room. I called him so hard! I screamed with all my guts! I knew his intentions, but he ignored me. What I heard next was one single shot. And just like that, his life was over.

For some time I kept wondering if things would have been different had I gotten there earlier or what could I have done to prevent this tragic moment. To live or to die is a decision we all have to make. We decide if we want to live as kings or if we want to die like peasants.

Why does one person try suicide when another in the same tough situation does not? What makes some people better able to deal with life's setbacks and difficulties than others? What makes a person unable to see another way out of a bad situation besides ending his or her life? I'll probably never find the answers to my questions. I'll probably never understand why my friend took away his life and with him, his family's hearts and dreams. I'll probably never know.

But what I do know is that life is too precious to give away. No burden should be big enough to make you want to end God's gift of love to us. You see, life was not meant to be a heavy weight on your shoulders that makes you fall and keeps you on the floor. Life was meant to be lived by the fullest so you can blossom like a rose in springtime. So, when one burden brings another; laugh, sing, dance under the rain, smell a flower or bake a cake, enjoy the simple things in life and you will find comfort under a healing smile, and relief within a shattered tear.

Therefore, when you feel the world is over you or pressure is making you want to run away. When pain exceeds your re-sources for coping with life's setbacks and difficult situations… When you find yourself trapped and you think there's no other way out, Stop! Think! React!   To live or to die….that is the question."

"…casting all your anxieties on him, be-cause He cares for you." 1Peter 5.7

****

Prayer:

Dear Lord! Help us find comfort in your presence. Let us run in to your arms when we are feeling down. Make us understand that you are in control and that no burden is greater than your love and your grace. Give us strength to process all our situations and help us trust in your power and protection. In Jesus name…Amen

****

My life diary:

_____

_____

_____

_____

_____

_____

_____

_____

_____

_____

_____

_____

_____

_____

_____

_____

_____

_____

_____

_____

Vivir o Morir...

01/30/2012

Relevo de responsabilidad: La siguiente experiencia fue vivida por mi esposo C. David Quintero. Sin embargo, puse su experiencia por escrito. Los nombres de nuestros amigos han sido cambiados para proteger sus identidades. Si padece ansiedad o depresión y/o tiene pensamientos suicidas, ¡POR FAVOR BUSQUE AYUDA! ¡El suicidio nunca es la respuesta!

"¿Por qué la gente se quita la vida? ¿Por qué vivir una vida tan lamentable que decides terminarla tú mismo? ¿Por qué hacer que tus seres queridos sufran la pérdida de una persona cercana a sus corazones, dejándolos con un sentimiento de vacío, impotencia y emociones abrumadas? ¿Por qué?

Tantas preguntas, a la vez, tan pocas respuestas. Cuanto más lo pienses, más frustrado te sentirás. Mi amigo Antonio nunca me dio la oportunidad de entender. En sus últimos días estaba tan destrozado emocionalmente que no escuchaba a nadie.

Cuando conocí a Antonio, era un buen tipo al que le gustaba hablar y siempre estaba listo para ayudar a los demás. Nunca preocupado o estresado, siempre tenía una sonrisa en sus labios. Antonio estaba empezando a salir con Lauren, una buena amiga de mi esposa. ¡Eran almas gemelas! Estaban hechos el uno para el otro. Además, Antonio tenía un hijo al que amaba con todas las fuerzas de su corazón y para su hijo, Antonio era su mundo. Su vida era perfecta o por lo menos eso parecía. Con el paso del tiempo, Antonio y Lauren decidieron irse a vivir juntos. Compraron una casa y formalizaron su relación, pese a que nunca se casaron.

Después de un tiempo, las cosas en la vida de Antonio comenzaron a cambiar para peor. El pobre tuvo un accidente en su trabajo y al cabo de algún tiempo fue despedido. Su negocio de comida había decaído. Las deudas aumentaron, los acreedores lo molestaban constantemente y para colmo de males su relación con Lauren se estaba haciendo añicos. A medida que pasaron los días, Antonio se fue encerrando en sí mismo. Se sentía rechazado, incapaz, enojado, herido, no deseado, no amado, victimizado y como si fuera una carga para los demás. Estaba tan abrumado por todas las situaciones que atravesaba, que la depresión lo visitó y le hizo una mala jugada.

El 5 de septiembre de 2008, mientras almorzaba en mi casa, recibí una llamada telefónica de mi esposa preguntándome si podía ir a hablar con Antonio. Lauren había hablado con mi esposa y le había compartido su preocupación, ya que Antonio la había llamado en varias ocasiones y le había dejado varios mensajes en su teléfono con la intención de verla por última vez, pues había decidido terminar con su vida. En ese momento mi corazón comenzó a latir tan rápidamente que parecía como si hubiera corrido 100 millas sin descansar. Temía por la vida de mi amigo.

Tan rápido como pude fui a ver a Antonio. Llamé a la puerta muchas veces gritando su nombre "¡Antonio, Antonio abre!" Yo sabía que él estaba allí. Podía escucharlo balbucear palabras y jugar con algo que sonaba "click, clack". Murmuró mi nombre y me pidió que lo dejara en paz. Lo llamé por teléfono pero nunca respondió. En cambio, a través de la ventana lo vi ponerse de pie y dirigirse a su habitación. ¡Lo llamé muy fuerte! ¡Grité su nombre con todas las fuerzas de mi corazón!. Yo conocía sus intenciones, pero él me ignoró. Lo que escuché a continuación fue un solo disparo. Y así como así, su vida había terminado.

Por un tiempo me preguntaba qué podría haber hecho para evitar ese momento tan trágico. ¿Habrían sido diferentes las cosas si yo hubiera llegado allí antes? Entonces comprendí que vivir o morir es una decisión que todos debemos tomar. Nosotros decidimos si queremos vivir vidas saludables o si preferimos morir como miserables.

¿Por qué una persona ante una situación difícil intenta suicidarse mientras que otra en la misma situación no? ¿Qué hace que algunas personas más que otras sean capaces de lidiar con los reveses y dificultades de la vida? ¿Por qué una persona no puede ver salida de una mala situación además de terminar con su vida? Probablemente nunca encuentre las respuestas a mis preguntas. Es probable que nunca entienda por qué mi amigo se quitó la vida y con él se llevó el corazón y los sueños de su familia. De seguro nunca lo sabré.

Pero lo que sí sé es que la vida es demasiado preciosa para desperdiciar. Ninguna carga debe ser lo suficientemente grande como para querer terminar con el regalo de amor de Dios para nosotros. Verá, la vida no está destinada a ser una carga pesada sobre nuestros hombros de manera que nos haga caer y nos mantenga en el piso. La vida fue destinada para ser vivida al máximo; para que podamos florecer como una rosa en primavera. Por eso, cuando una carga te traiga otra; simplemente ríe, canta, baila bajo la lluvia, huele una flor u hornea un pastel. Disfruta de las cosas simples de la vida y encontrarás consuelo en una sonrisa y alivio en una lágrima.

Cuando sientas que el mundo está sobre ti o la presión te hace querer escapar. Cuando el dolor exceda tus recursos para hacer frente a los reveses de la vida y las situaciones difíciles, cuando te encuentres atrapado y creas que no hay solución ni salida…

¡DETENTE! ¡PIENSA! ¡REACCIONA!

Vivir o morir…¡Esa es la cuestión!

"…echando toda vuestra ansiedad sobre el porqué El tiene cuidado de vosotros."

1 Pedro 5.7

****

Oremos:

¡Amado Señor! Ayúdanos a encontrar consuelo en tu presencia. Permítenos correr a tus brazos cuando nos sintamos perdidos. Ayúdanos a entender que tú estás en control y que ninguna circunstancia es más grande que tu amor y tu gracia. Danos las fuerzas para procesar las situaciones que enfrentemos y ayúdanos a confiar en tus planes y propósitos. En tu dulce nombre Jesús, Amén.

****

Mi diario de vida:

_____

_____

_____

_____

_____

_____

_____

_____

_____

_____

_____

_____

_____

_____

_____

_____

_____

_____

_____

La bendición de un anciano...

02/15/2012

Era una fría mañana de invierno. Los árboles estaban desnudos y no se escuchaba el cantar de los pajarillos. Estaba muy afanada en mi trabajo cuando de repente mi teléfono celular comenzó a sonar haciéndome desconcentrar de todas las tareas "importantes" que en ese momento estaba realizando. Miré el aparato telefónico y vi en la pantalla que se trataba de un anciano amigo con quien por muchos años había mantenido una estrecha relación de amistad. Con cierto aire pesado ignoré la llamada porque estaba "muy ocupada" para atender a mi amigo el "viejito". No pasaron 5 minutos cuando el celular volvió a sonar y yo en mi ajoro lo volví a ignorar ¿Es que acaso el viejito no sabía que yo estaba trabajando con "asuntos mucho más impor-

tantes" que atender su llamada? Por tercera vez el celular sonó y por tercera vez lo
ignoré. No podía atender la llamada de un
viejito que por tener 98 años de edad apenas escuchaba bien. Finalmente el celular
sonó por cuarta vez y para que el viejito me
dejara de "molestar" decidí contestar la llamada.

Hacía más de 20 años que conocí a mi
anciano amigo. El era un viudo rabiscoso
de 75 años y yo una ilusa jovencita de 14.
Ambos íbamos a la misma iglesia; pero al
casarme, mi esposo y yo nos mudamos de
pueblo y cambiamos de congregación. Sin
embargo mi relación de amistad con el
"viejito" nunca se vio afectada, por el contrario a medida que pasaba el tiempo
nuestra amistad crecía más y más.

Cada día de acción de gracias y navida-
des compartía con él la cena especial de la
temporada. Lo visitaba regularmente a su
casa para asegurarme de que estuviera
bien. Compartimos la dicha de los naci-

mientos de mis hijos y lloramos con tristeza el fallecimiento de sus hermanas.

Cuando el viejito decidió mudarse para los EU me dio mucha melancolía, pues sabía que lo iba a extrañar; pero también sabía que estaría mejor por allá. Yo trataba de llamarlo todos los meses y cuando pasaba algún tiempo y no me comunicaba, el viejito me llamaba porque extrañaba mi llamada. Por muchos años nuestras frecuentes llamadas eran parte vital de nuestras vidas. Aunque separados por la distancia, nuestras conversaciones telefónicas nos acercaban y fortalecían nuestros lazos de amistad.

Al contestar su llamada aquella mañana pude notar su voz un tanto quebrada. Me saludó amorosamente, como de costumbre y yo le devolví el saludo. Al preguntarme por mi esposo y mis hijos, pude percibir en su voz que algo no andaba bien, pero le contesté tranquilamente. Preocupada por él, pero tratando de aparentar serenidad le pregunté cómo se sentía y en ese momento escuché lo que mi corazón temía. *"Hija mía"* me dijo entre sollozos *"Estoy muy mal de salud, estoy postrado en cama, ya se me acaban los días, pronto he de morir, pero quise llamarte para despedirme de ti. Cuida mucho a los niños; guíalos siempre en el temor de Dios y nunca por más dificultades que se les presenten, se aparten de Dios, pues El es el único que nos puede fortalecer."* Hizo una breve pausa y sollozando continuó: *"He vivido una vida plena en Dios, he peleado la buena batalla de la fe, he cumplido con el propósito de Dios para mi vida, pero mi hora ha llegado. Por eso te bendigo y te agradezco el amor que a través de los años me has demostrado".*

Mientras escuchaba a mi amigo hablarme estas palabras finales sentía que el corazón se me partía en pedazos, el pecho se me apretaba y una mezcla de emociones afloraba en mí. Lágrimas brotaban de mis ojos bañando mis mejillas. Mi viejito me bendijo nuevamente y se despidió agradeciendo a Dios mi amistad.

Ha pasado el tiempo y mi amigo ya no está. Los árboles han reverdecido y los pájaros han vuelto a cantar. El mundo ha seguido su rumbo, la vida ha continuado sin que los días se hayan detenido. Todo ha vuelto a la normalidad. Por un momento no sabía si llorar la muerte de mi amigo o celebrar su vida, pero a medida que el tiempo ha pasado me he dado cuenta que la vida en sí misma es motivo de celebración. Que no vale la pena vivir llorando el recuerdo sino vivir agradecidos por lo que podamos aprender de aquellos a quienes amamos y que han sido puestos por Dios en nuestras vidas.

Mi amigo me enseñó a serle fiel a Dios en medio de cualquier circunstancia. Mi amigo me enseñó a amar no importando las diferencias. Mi amigo me enseñó a no mirar defectos sino a aprender de las virtudes. Mi amigo me enseñó a valorar la vida y a vivirla a plenitud. Mi amigo me enseñó que el amor no conoce límites ni fronteras y que la amistad verdadera no se basa meramente en la simpatía o el agrado que se siente al encontrarse con personas que tienen cosas en común con nosotros, sino en sentirlos cerca aún cuando no están presentes. Dios bendijo mi vida al regalarme una amistad tan pura como la lluvia en primavera y tan cálida como la sonrisa de un niño recién nacido. Sé que ahora mi amigo está disfrutando de una maravillosa eternidad junto a nuestro Padre Celestial donde ya no sufrirá enfermedad ni pasará necesidad.

Ojalá todos pudiéramos tener la dicha de celebrar la vida aún en la muerte. Ojalá todos pudiéramos dejar en la gente huellas de amor tan profundas que no pasemos desapercibidos por el camino de la vida. Ojalá todos pudiéramos tener ángeles a nuestro alrededor con la sabiduría de mi amigo "el viejito" quien aún en su ausencia me sigue enseñando a valorar la esencia de la vida, la familia, el amor y la amistad.

"Porque para mí el vivir es Cristo y el morir es ganancia." Filipenses 1:21

****

Oremos:

¡Amado Padre! Permítenos vivir una vida conforme a tu propósito. Que podamos ser de bendición a otros y que aprendamos a valorar cada bendición que recibimos de ti. Ayúdanos a culminar la carrera de la fe y que al momento de cerrar nuestros ojos para entregarnos al sueño eterno, tengamos la satisfacción de haber cumplido tu propósito. ¡Gracias buen Dios! ¡Te amamos! En Cristo Jesús, Amén.

****

Mi diario de vida:

_____

_____

_____

_____

_____

_____

_____

_____

_____

_____

_____

_____

_____

_____

_____

_____

_____

_____

_____

_____

Como la primera vez...

06/27/2012

Todo en la vida tiene un comienzo. Desde que nacemos hasta que morimos la vida siempre nos traerá un nuevo comienzo. La primera vez que caminamos, la primera vez que corrimos una bicicleta o unos patines. La primera vez que tuvimos una cita de amor, el primer novio o novia, el primer beso, el primer día de clases o nuestro primer día de trabajo.

Para todo siempre hay una primera vez. Y esa sensación de algo nuevo trae consigo una mezcla de emociones. Sentimos mariposas en el estómago y a veces hasta un leve susto en el corazón que va acompañado de un sentimiento de emoción y adrenalina difícil de igualar. Porque lo nuevo e inexplorado siempre, pero siempre traerá consigo una nueva emoción.

Recuerdo la primera vez que vi a mi esposo. Lo vi tan alto, tan guapo, tan galán. Era todo lo que yo deseaba en un hombre y por supuesto al mirarlo supe que él era para mí. Él de igual forma al verme destelló en sus ojos una chispa singular que me hizo sonrojar. Nos saludamos, nos conocimos y comenzamos una bonita amistad que al poco tiempo germinó en amor. Un amor puro y sincero que nos llevó al altar deseando estar juntos para siempre y no separarnos jamás.

Cada vez que pienso en la relación entre mi esposo y yo, no puedo evitar pensar en mi relación con Dios. Pienso en aquel momento en que llorando frente al altar prometí serle fiel, amarlo y servirle con todo mi corazón. Pienso en las pruebas difíciles que he tenido que pasar y en los altibajos que como cristiana he tenido que superar. Pienso en las consecuencias de las decisiones que por amor a Él he tenido que afrontar. Pero sobre todo, pienso en sus misericordias que se renuevan cada mañana y que me dan una nueva oportunidad de conocerlo más, de añorar más su amistad, de avivar el fuego de su amor que fue depositado en mi corazón aquella primera vez que lo conocí.

A veces las exigencias de la vida hacen que nuestra relación de amor con Dios merme y muchas veces nuestra fe es confrontada y en ocasiones hasta desgastada. A veces las situaciones adversas nos desenfocan y los deseos de orar son tan ambiguos que descuidamos nuestra intimidad con Dios; sin darnos cuenta que poco a poco nos vamos ahogando en nuestros propios conceptos y vamos dejando atrás los caminos que un día comenzamos a recorrer guiados de la mano de nuestro Salvador. Sin embargo, así como diariamente renovamos los votos con nuestras parejas debemos renovar nuestro compromiso de amor a Dios en nuestras vidas.

Han pasado muchos años desde aquel

primer encuentro con mi esposo y pese a las diferencias que hemos tenido nuestro amor se ha mantenido intacto porque cada día hemos buscado la manera de avivar la llama que una vez hizo que nos enamoráramos. Juntos hemos reído y llorado. Hemos construido sueños y hemos alcanzado metas. Hemos sufrido necesidad pero también hemos disfrutado de abundancia. Hemos levantado una familia con una base de amor, tolerancia y confianza, pero ante todo nos hemos amado, respetado y hemos sido fieles a Dios creyéndole a Él en medio de toda circunstancia.

Procuremos que nada ni nadie apague el amor y rompa la relación que un día comenzamos con Dios. Que cada día podamos amarlo más y que la llama de su amor se avive en nosotros de tal manera que nunca pueda ser apagada. Que su fuego consuma toda inmundicia de nuestros corazones y que vivamos para Él, amándolo sólo a Él, buscándolo y adorándolo en

espíritu y en verdad, con todo nuestro ser;
Como la primera vez.

"Por lo cual te aconsejo que avives el fuego

del don de Dios que está en ti..."

2 Timoteo 1:6

****

Oremos:

Mi dulce Jesús, a veces he tenido momento de altibajos espirituales que han hecho que descuide mi relación contigo. ¡Pero te pido que me ayudes a cada día reavivar la llama de mi amor por ti! Gracias porque aunque a veces te he fallado y te he sido infiel tú has permanecido a mi lado sin fallar al pacto de amor entre tú y yo. Por siempre te amaré, Amén.

****

Mi diario de vida:

_____

_____

_____

_____

_____

_____

_____

_____

_____

_____

_____

_____

_____

_____

_____

_____

_____

_____

_____

Retomando el Camino

10/09/2012

Aquel día cuando llegó la noche, al recostar mi cabeza sobre la almohada comencé a repasar los eventos vividos durante el mismo. Había sido un día largo y agotador como la mayoría de mis días, pero en ese día particular Dios me había regalado una experiencia de vida que jamás voy a olvidar. Ese día especial aprendí a retomar el camino olvidado.

Cuando el reloj en la oficina marcó la 1:00 pm me despedí de mi jefe y mis compañeros de trabajo con una alegría singular, pues a las 4:00 pm tenía una muy importante reunión de reconocimiento a supervisores de primera línea que habíamos tomado unos cursos intensivos sobre nuestra posición en la Institución Bancaria para la cual nos honrábamos en trabajar y no me la quería perder por nada en el mundo.

Me había esforzado mucho durante el proceso y sentía que esa actividad seria un aliciente en medio de tanto estrés.

Como el camino hacia mi destino me tomaría aproximadamente una hora y media y no tenía con quien charlar pues iba sola en el auto, decidí encender la radio y cantar todo el camino mientras me deleitaba mirando la naturaleza a mí alrededor y disfrutaba mi tiempo a solas con misma. ¡Era el momento perfecto!

Iba tan distraída en mi viaje que justo cuando me acercaba al cruce en la avenida que me llevaría directo a mi destino, olvidé la salida que debía tomar y al entrar por otra calle que no era la correcta, esta me condujo a un lugar por el cual yo nunca había transitado y que desconocía totalmente. Fue entonces cuando comenzó mi odisea.

Tratando de remediar mi despiste y deseando volver al camino original para encaminarme correctamente, utilicé lo que en ese momento pensaba era mi sentido común, sin embargo, el mismo no funcionó porque me mantuvo por media hora dando vueltas sin salida a ninguna parte conocida por mí.

Decidí llamar a mi jefe para que me diera un poco de dirección, pero al no saber explicarle exactamente donde me encontraba, no le quedó más remedio que colgar la llamada y dejarme a mi suerte. Intenté llamar a mi esposo, pero las líneas telefónicas estaban dando problemas y la llamada se entrecortaba por lo que al no poder entender bien lo que hablábamos finalizamos la llamada.

En mi desesperación por llegar a la actividad que ya estaba por comenzar hice un nuevo intento llamando a una muy buena amiga quien también iba de camino para la actividad y ésta poco a poco y muy pacientemente me iba dirigiendo, pero al rato de estar hablando, ella arribó al lugar de la celebración y entre la algarabía de saludos a los demás compañeros y altos ejecutivos de la institución, colgó la llamada. Y otra vez, en medio de un callejón solitario sin aparente salida, me quedé sola, sintiéndome perdida y sin tener a quien acudir.

Ya en ese momento mi corazón sentía ganas de llorar, gritar, salir corriendo, abandonar el propósito por el cual había llegado hasta allá. Simplemente desistir de ir a la celebración. Justo en el momento en que decidí volverme atrás y regresar a mi casa con las manos vacías y sin pizca de motivación, recibí una llamada de otro amigo y compañero de trabajo quien "casualmente" me llamaba para saludarme.

Histéricamente le conté lo que me sucedía y cuan impotente me sentía. Le dije donde yo creía que estaba. Le conté de las horas que llevaba dando vueltas y de cómo había intentado pedir ayuda, pero que por razones fuera de mi control no había logrado salir del atolladero en el que me encontraba. A lo que el tranquilamente me dijo:

• • •

"¡Calma mujer! Escúchame con atención, sigue mis directrices y te llevaré hasta el lugar de comienzo para que puedas retomar tu camino y disfrutar de la celebración"

Escuché detenidamente a mi amigo y seguí sus instrucciones. ¡En menos de 10 minutos mi amigo me había sacado del laberinto en el que me encontraba! Me llevó al cruce de comienzo donde pude retomar mi camino y finalmente llegar a mi destino para disfrutar de la tan deseada celebración.

¿Cuántas veces en nuestras vidas tomamos caminos equivocados que nos desvían del propósito inicial que Dios trazó para nosotros? ¿Cuántas veces en nuestro caminar nos sentimos perdidos por decisiones mal tomadas que hacen menguar nuestras fuerzas, aminoran nuestros pasos y minan nuestra confianza; robándonos la alegría de vivir y el deseo de continuar? ¿Cuántas veces las vanidades o distracciones del mundo nos ciegan y perdemos de vista el llamado de Dios para nuestras vidas y su promesa de llevarnos al próximo nivel?

Muchas veces en nuestra humanidad queremos resolver las situaciones con nuestros propios esfuerzos y sabiduría sin detenernos a escuchar la voz de Dios; que siempre está al pendiente de nosotros y con ternura nos dice: *"¡Calma! Escúchame detenidamente, sigue mis directrices y te llevaré hasta el lugar de comienzo para que puedas retomar tu camino y disfrutar de la celebración"*

A menudo en nuestro caminar por la vida encontraremos miles de razones para desistir de nuestro propósito y tornarnos atrás con el corazón vacío y sin la recompensa que por herencia nos toca. Sin embargo, en el momento en que nos sintamos perdidos, en un callejón sin salida afinemos nuestros sentidos para que podamos escuchar la voz de nuestro Padre Celestial dirigiéndonos por el camino que Él ha preparado para nosotros y al retomar nuestro camino, disfrutar de la celebración que Él nos tiene reservada.

"Te haré entender y te enseñaré el camino en que debes andar, sobre ti fijaré mis ojos…" Salmos 32.8

****

Oremos:

Amado Señor, Ayúdame a tomar decisiones sabias que cada día me acerquen
más a ti. Aunque tal vez en el camino de la
vida me distraiga haciéndome desviar del
propósito original que tú has trazado para
mí, hálame con cuerdas de amor y devuél-
veme al camino que me lleve a ti. ¡No me
quiero alejar jamás de tu presencia! ¡Te
necesito Dios cada día de mi vida! ¡Amén!

****

Mi diario de vida:

_____

_____

_____

_____

_____

_____

_____

_____

_____

_____

_____

_____

_____

_____

_____

_____

_____

_____

_____

_____

_____

Homenaje a mis amigas...

12/26/2013

Hoy es un día especial, no es un día cualquiera. Hoy rendiré homenaje a unos seres muy particulares. Unos seres amables, confiables y leales. Seres que no importando el tiempo o la distancia siempre ocuparán en mi corazón un lugar muy especial. Hoy rendiré homenaje a mis amigas. Sí, mis amigas. Aquellas que me conocen mejor que yo. Aquellas que con tan solo una sonrisa pueden iluminar mis más oscuros días.

Todas en algún momento hemos tenido una amiga. Desde pequeñas las escogemos y a medida que vamos creciendo las hacemos parte integral de nuestras vidas. Todas hemos tenido amigas alocadas, amigas recatadas, amigas serionas y otras burlonas. Amigas con las que puedes llorar o amigas con las que puedes reír. No importa si son bajitas o gorditas, flaquitas o espigadas, todas de alguna forma u otra han logrado dejar una huella imborrable en tu corazón que durará para siempre. Porque las amigas son esas hermanas que aunque no de sangre, tú las eliges para compartir tus vivencias, tus sueños, tus fracasos, tus ilusiones, tus secretos, tus tristezas y tus desilusiones. Son ángeles que te acompañan cuando te sientes triste o cuando te sientes sola. Te levantan cuanto te sientes débil y te animan a continuar cuando quieres rendirte. Son un paño de lágrimas en medio del dolor y son la bóveda que guarda tus más profundos secretos.

Las amigas son tus cómplices de la vida. Se ríen contigo a carcajadas hasta que lloren y les duela la barriga, por algo que solo tú y ellas conocen. Y sin tener que preocuparse por si el pantalón revienta o se queda en su lugar, si se te corre el maquillaje o la nariz te hace resoplar.

Con tus amigas puedes ser tú misma sin miedo a prejuicios y aunque puedan tener diferencias, jamás te juzgarán. Las amigas siempre están en los momentos importantes de tu vida y celebran tus éxitos como si fueran propios.

Amigas son aquellas con quienes hablas de todo y de nada. Te aconsejan, pero jamás te imponen. Y no les importa si estas despeinada o sin maquillaje, ellas siempre te verán tan bella como eres.

Alguna vez alguien dijo: *"No es cuestión de tener un millón de amigas, sino amigas que valgan un millón".* Y pensándolo bien yo creo que es verdad, porque quien halló una amiga halló un tesoro. Las amigas son ese pedacito de cielo en nuestras vidas que cultivan los más hermosos sentimientos y los hacen florecer como la rosa en primavera.

Yo he sido bendecida con amigas que me hacen sentir millonaria, porque sus vidas han sido el reflejo del amor de Dios para la mía.

Hoy le quiero rendir homenaje a mis amigas hermanas… Ellas saben quiénes son, por eso no necesito mencionar sus nombres…

¡¡Las amo amigas!!

"En todo tiempo ama el amigo y es como un hermano en tiempo de angustias."
Proverbios 17.17

****

Oremos:

Amado Dios, Gracias por los amigos que me has regalado. Gracias porque los has enviado para complementar nuestras vidas. Ayúdame a valorarlos siempre y que nuestra amistad dure por siempre. Bendice a mis amigos y protégelos de todo peligro. En Cristo Jesús, Amén.

****

Mi diario de vida:

_____

_____

_____

_____

_____

_____

_____

_____

_____

_____

_____

_____

_____

_____

_____

_____

_____

Disfruta tu vuelo

No soy amante de los aviones, creo que nunca lo he sido. No sé si es por tantas noticias de aviones caídos que he escuchado o tal vez por las tantas películas que he visto en donde presentan desastres aéreos, pero lo cierto es que no me gusta viajar en avión.

Me aterra pensar que el avión sufrirá algún desperfecto durante el vuelo y no tengamos escapatoria. Y esa sensación que se tiene en el estómago cuando el avión cae en los vacíos para mi es insoportable. ¡Ja! ¡Y ni se diga cuando hay turbulencia! Definitivamente los aviones y yo somos como el vinagre y el aceite. Sin embargo, en mi último viaje en avión tuve una experiencia poderosa que marcó mi corazón y me enseñó a disfrutar mi vuelo.

Me encontraba preparando los últimos

detalles para el viaje a Miami en donde, junto a mi esposo, estaría presentando mi primer proyecto discográfico. Era una ocasión muy importante para nosotros como pareja, pues era el cumplimiento de de un sueño ministerial que por años tuvimos, por el que oramos sin cesar y trabajamos sin descansar hasta lograr verlo hecho realidad.

Mi esposo y yo nos habíamos esforzado mucho por este proyecto y ahora nos tocaba compartir nuestra música con nuevos hermanos en la fe. Era un tiempo muy hermoso. Una ocasión muy importante. Sin embargo, en lugar de sentir alegría sentía ansiedad, nervios y un tanto de duda, pues si bien quería gozar de la experiencia en Miami, el miedo a viajar en avión no me dejaba vivir ni disfrutar el momento.

Justo cuando estábamos listos para subirnos al carro y marcharnos a tomar el avión, nuestra pequeña hija se despidió de nosotros y dirigiéndose a mí mientras me miraba fijamente a los ojos, como si supiera el torbellino de emociones por el que atravesaba, con su dulce vocecita me dijo: *"Adiós mamá, te voy a extrañar, pero por favor disfruta tu vuelo"* luego me dio un beso y un abrazo y se fue con su abuelita. Durante todo el camino al aeropuerto y aún ya ubicada dentro del avión, esas palabras martillaban fuertemente en mi mente y en mi corazón, *"Disfruta tu vuelo".*

Es irónico como una frase tan corta pudo despertar en mí la razón y aprender a afianzar más mi fe en Dios, pues a través de nuestras vidas nos toparemos con situaciones que nos amedrentarán y no permitirán que disfrutemos los mejores momentos que se nos presenten por temor a lo desconocido. La vida en sí misma es un vuelo para disfrutar, para aprender, para amar. Y así como subimos al avión confiando en que pese a los altibajos, vacíos y torbellinos que en el trayecto nos hemos de enfrentar, el piloto nos llevará seguros a nuestro destino, debemos subirnos al avión de nuestras vidas y abrocharnos con el cinturón de la fe, confiando en que el piloto por excelencia, nuestro Dios, nos llevará a nuestro destino y llegaremos cargados con maletas llenas de experiencias nuevas y ricas bendiciones que nos impulsarán a alcanzar nuevos niveles de gloria.

Aquel viaje fue uno de los más placenteros que he tenido en mi vida. No hubo vacíos, ni turbulencias y pude disfrutar al mirar por las ventanas las nubes blancas que se entremezclaban con tenues rayos de sol que anunciaban que el amanecer ya estaba llegando. Al aterrizar suspiré profundo y agradecí a Dios porque había llegado a mi destino. Entonces sonreí mientras escuchaba retumbar en mi corazón la voz de mi Padre celestial diciéndome: ¡Disfruta tu vuelo!

Es pues la fe la certeza de lo que se espera, la convicción de lo que no se ve"

Hebreos 11:1

****

Oremos:

Señor, a veces en nuestro caminar sentimos miedo y dudamos de tu promesas y de tus cuidados. Ayúdanos a disfrutar cada experiencia vivida pues estas nos llevaran más cerca a ti. Sé tú siempre el piloto de nuestras vidas y permítenos descansar y confiar en tus planes perfectos. Por Cristo Jesús, Amén.

****

Mi diario de vida:

_____

_____

_____

_____

_____

_____

_____

_____

_____

_____

_____

_____

_____

_____

_____

_____

_____

_____

_____

_____

Momentos

12/26/2014

He aprendido que la vida se compone de momentos. Momentos buenos y otros no tan buenos. Momentos decisivos que nos marcan y nos ayudan a alcanzar nuevos niveles de crecimiento. Momentos que te hacen detener en el camino, reflexionar y examinar si la vereda que has recorrido es la correcta o si debes continuar por otro camino.

Hay momentos en nuestras vidas que como la primavera reverdecemos. Brotan las flores de la esperanza y nuestros pensamientos cobran nuevos sentidos, comenzamos a soñar nuevamente y aquello que un día parecía imposible se vuelve tan tangible que nos permite palpar la realidad de nuestros anhelos. Ese momento de primavera es especial porque nos permite ver el resurgimiento de un sueño, nos permite experimentar la paz del hogar, nos permite disfrutar del cálido sol que la vida nos da y nos hace cobrar nuevas fuerzas para continuar nuestro diario vivir. En la primavera de nuestras vidas nace una nueva canción, todo vuelve a resurgir. ¡Todo vuelve a vivir!

Es entonces cuando llega el momento del verano, cuando todo es fiesta y alegría, cuando hay abundancia de pan y todo marcha como esperamos. En el verano no tenemos tiempo para la preocupación, bailamos sin música y reímos simplemente porque sí. Disfrutamos cada momento y nada parece molestarnos porque estamos disfrutando la alegría del verano. Pero aún el verano tiene momentos de sol candente, y ese candente sol puede hacernos desgastar y quemar nuestras fuerzas. Es entonces cuando llega el otoño.

Cuando el momento de otoño llega a nuestras vidas comenzamos a perder nuestras fuerzas, nuestros sueños se alejan, la esperanza se hace añicos y queda una sensación de vacío difícil de explicar. Durante el otoño, aunque estemos acompañados nos sentimos solos, deseamos huir de la pesadumbre que nos arropa, escapar de nuestra realidad. Durante el otoño comenzamos a deshojarnos como los árboles y perdemos nuestras fuerzas hasta quedarnos desnudos. Y así como la lluvia de otoño moja la tierra árida y seca, las lágrimas mojan hasta lo más profundo de nuestra alma. El otoño en nuestras vidas es un momento de transición que inevitablemente nos lleva al invierno.

Cuando llega el invierno a nuestras vidas todo parece frío, nuestros corazones se encogen y nuestras emociones se alborotan. En el invierno deseamos escondernos. Nuestros días pierden color, todo queda en blanco. Caminamos como robots en un trance y nos abrigamos con el manto de la duda, el dolor, la desesperación y el resentimiento. Cuando estamos en el invierno perdemos nuestro norte, las fuerzas se terminan y los sueños se aniquilan. Las sonrisas ya no existen y la tristeza se convierte en nuestro pan cada día. Sin embargo, por más duro y frío que sea el invierno, este no durará para siempre y cuando termina el invierno regresa la primavera. ¡Y con ella regresa el tiempo de la canción!

Así como las estaciones del año llegan y se van sutilmente; los momentos buenos o malos llegarán a nosotros sin que podamos escapar. Cada momento en nuestras vidas trae consigo un bagaje de experiencias que nos definirá como personas y nos ayudarán a alcanzar nuestro destino en Dios. Cada momento es único, especial y necesario para crecer y madurar. Por eso, en tiempo de primavera y verano almacenemos en nuestra reserva de vida la fe suficiente para no desmayar en el camino, la confianza necesaria para no dejar de creer, una pizca de felicidad para no dejar de cantar y un poco de alegría para no dejar de sonreír y soñar.

Busquemos los pequeños detalles de la vida y encontraremos motivos suficientes para ser feliz. Encontraremos en la sonrisa de un niño, en el abrazo de un anciano, en las palabras cálidas de la experiencia, en cada latido de nuestro corazón esos pequeños momentos que añaden valor a nuestros días y nos impulsan a seguir; aún en el más crudo invierno.

Las estaciones vienen y van pero las lecciones aprendidas quedarán impresas y formarán en nosotros momentos especiales que duraran para toda la vida.

Momentos…

"Ya brotan flores en los campos, ¡el tiempo de la canción ha llegado!" Cantares 2.12

****

Oremos:

¡Mi amado Señor Jesús! Ayúdame a comprender que las estaciones de la vida tienen un propósito, que es necesario que algunas cosas mueran para que otras puedan nacer. Enséname que todo tiene un propósito y que en cada propósito tú estás presente. Haz que en mi corazón siempre haya una canción y en mis labios siempre se dibuje una sonrisa de amor. Gracias porque en cada temporada tú me darás las fuerzas y me vestirás con la vestimenta adecuada para llegar hasta tu corazón. En el dulce nombre de Jesús, ¡Amén!

****

Mi diario de vida:

_____

_____

_____

_____

_____

_____

_____

_____

_____

_____

_____

_____

_____

_____

_____

_____

_____

_____

_____

_____

¡¡Así no se puede!!

¡Amo la fotografía! Siempre supe que me gustaba, pero descubrí mi pasión por este arte durante una etapa de transición en mi vida en donde tenía que tomar decisiones importantes que nos afectaría en diversas áreas (tanto espiritual como secular) a mi familia y a mí. Si bien amaba al Señor y confiaba en cada una de sus promesas, la fotografía se había convertido en un medio de escape de mi entorno y me ayudaba a ver las cosas desde una perspectiva diferente.

Durante una de mis clases de fotografía, la profesora nos dio como tarea preparar un proyecto el cual consistía en hacer una sesión de fotos en un hermoso parque cerca de la escuela donde estudiábamos. Para el mismo debíamos tener modelos, crear un concepto y llevar todo nuestro equipo fotográfico para aplicar lo que habíamos aprendido en clase. Como era un trabajo muy importante y debíamos hacer lo mejor que pudiéramos para que las fotos quedaran casi perfectas, decidí llevarme a mis hijos para que ellos fueran mis modelos, porque a fin de cuentas pensé que era lo más sabio. Nos conocemos, nos tenemos confianza *"¡Esto será pan comido!"* me dije, pero, ¡OH Dios! ¡Cuán lejos estaba de la realidad!

Les tengo que confesar que por un momento durante la sesión quise olvidarme del proyecto y regresarme a mí casa corriendo, encerrarme en mi cuarto y no salir por tres años. ¡Es increíble como a estos chicos les gusta tanto la broma y el jolgorio! "¿A QUIEN SALIERON?" Me preguntaba con desesperación. ¡Dios Santo! Para ellos todo era chiste, risa y algarabía. ¡Más fue lo que bromearon que lo que modelaron! ¡Y yo queriéndome halar los cabellos! ¿Es que acaso no podían entender la se riedad del asunto? ¡ASÍ NO SE PUEDE!

Hasta cierto punto, realizar mi proyecto fue una real "tortura". Pero les confieso que al ver los ojos de mis hijos chispeando tanta alegría por la vida, al escuchar sus risas como una dulce sinfonía, al disfrutar de sus ocurrencias y de sus pasos por la vida...no cambiaría por nada en el mundo, ni un segundo de lo que vivimos aquel día. Porque en cada una de sus sonrisas, bromas y vacilones pude ver reflejado el amor de Dios al regalarme una familia tan única y especial. Y es que son estos momentos los que quedan grabados en nuestros corazones y al pasar de los años se convierten en añoranzas de un mejor tiempo. ¡ASÍ NO SE PUEDE! Y creo que tengo razón, porque no se puede vivir la vida sin una sonrisa, sin una carcajada que te haga llorar, sin un abrazo de hermanos, sin un tiempo de calidad como familia que nos haga cada día amarnos más.

¡Amo a mi esposo, amo a mis hijos, amo

la familia que Dios me regaló! Y no los entregaría a la vida con amargura de corazón o viviendo los días con sinsabor, porque a fin de cuentas la vida se debe vivir cada día intensamente, con alegría, con esperanza, con emoción, con ilusión, pues al fin y al cabo nadie saldrá vivo de ella.

Por eso, en tiempos de desesperanza cantemos como si estuviéramos solos. En momentos de desilusión bailemos como si nadie nos estuviera mirando. Cuando nos sintamos perdidos juguemos bajo la lluvia como si fuéramos niños y cuando sintamos deseos de llorar aprendamos a reír simplemente porque sí. Amemos como si fuera el último día, abracemos a nuestros seres queridos hasta cortarles la respiración. Y en todo momento confiemos en que Dios siempre tendrá un mejor plan.

Aquel día tal vez no haya tomado las fotos perfectas con modelos perfectos, pero tengo la certeza que al llevar a mis retoños para la sesión tomé la mejor decisión porque pude disfrutar del perfecto amor de Dios en cada segundo vivido con la familia que El me regaló ¡Y eso mi hermano vale más que cualquier cosa!

"Aún ha de llenar de risa tu boca, y tus labios de gritos de júbilo" Job 8:21

****

Oremos:

Señor Jesús, mi amado Salvador, ayúdame a disfrutar y a amar la vida que tú me has regalado. Enséñame que ninguna circunstancia es demasiado grande como para hacerme perder el sentido por la vida. No permitas que nada ni nadie borre la sonrisa de mis labios. Muéstrame que tú siempre tendrás un mejor plan y que tu amor es suficiente para alegrar mi corazón. En ti confío mi Dios, ¡Amén!

****

Mi diario de vida:

_____

_____

_____

_____

_____

_____

_____

_____

_____

_____

_____

_____

_____

_____

_____

_____

_____

_____

_____

¡¡Reverdece!!

Septiembre 11, 2015

En el patio frontal de mi casa tengo una planta de jazmines. Me gusta sentarme en el balcón y observar sus delicadas hojas verdes y sus asombrosos capullos de flores blancas que emiten una maravillosa fragancia dulce que es capaz de perfumar una habitación o un parque entero. Me encanta el tiempo cuando florece, pues esta hermosa creación de Dios atrae tanto a pájaros como a mariposas haciendo que el entorno de mi hogar cobre vida y se embellezca.

Sin embargo, este perfecto arbusto de aproximadamente unos dos metros de alto no siempre estuvo verde y florecido. Hubo un tiempo en que sus hojas se tornaron secas y su tallo se volvió marrón pues atravesó un difícil proceso de transición que casi la hace marchitar.

El día en que fue plantada en mi casa,

el jardinero se esmeró mucho en preparar la tierra donde sembraría la hermosa planta. Había limpiado el lugar, lo había despedregado y le había sacado las yerbas malas, en fin había preparado la tierra para recibir las nuevas raíces que se profundizarían en ella. Con mucha delicadeza sacó la planta del tiesto donde había crecido y con sus manos expertas la sembró en el espacio escogido. Luego le echó agua y abono para que creciera fuerte y saludable.

Durante los primeros días de haber sido sembrada la plantita en mi jardín; mientras la observaba noté que sus hojas se enroscaban. Al cabo de unos días sus hojas se comenzaron a secar y a caer. Y su color comenzó a cambiar. De aquella hermosa planta verde con flores blancas no quedaba ni el rastro; sólo un triste tallo marrón con una que otra hoja seca. Me sentí apenada por la planta pues sabía que al florecer era hermosa y que ciertamente estando en todo su esplendor le daría un toque de belleza al lugar, pero se veía tan débil y marchita que por un momento pensé en desenterrarla.

Entonces hablé con el jardinero y él me explicó que el trasplante debería aliviar a las plantas con muchas raíces que están *estancadas* en contenedores demasiado chicos o a las plantas que no prosperan en las condiciones en que se encuentren. No deberían marchitarse. Pero a veces cuando una planta se marchita después de ser trasplantada, puede deberse al *estrés* del trasplante o a un cambio en el cuidado o ambiente de la planta. Sólo hay que darles tiempo y cuidado. Y con mucha paciencia esperar mientras se adaptan al nuevo ambiente y superan el estrés de haber sido trasladadas y arrancadas de raíz.

Al escuchar estas palabras, mi corazón se estremecía porque entendí que muchas veces en nuestra humanidad nos sucede como a la planta. A veces Dios nos mueve de lugares, nuestras circunstancias cambian, nuestro entorno familiar es sacudido. Atravesamos por alguna situación estresante que nos saca de nuestra zona de comodidad y cual planta trasplantada nos sentimos marchitar. A veces sentimos que nuestros sueños son arrancados de raíz, sentimos que nos deshojamos y que se nos acaban las fuerzas o que en el intento de echar raíces nos secaremos y moriremos. Mas no nos damos cuenta que el jardinero de nuestras vidas SIEMPRE preparará la tierra del lugar a donde nos llevará. El no nos dejará morir y nos dará los mejores cuidados para que aún en medio de la incertidumbre y de lo inesperado podamos reverdecer, florecer y perfumar nuestro entorno.

Cada cambio en nuestras vidas representa una nueva oportunidad para crecer fuertes y saludables de manera que ningún viento recio nos pueda derribar. El camino de la vida no siempre es fácil, pero es necesario que el jardinero nos trasplante para que podamos echar raíces profundas y salgamos del estancamiento en el que muchas veces nos encontramos. Solo así podremos crecer y alcanzar nuevas alturas.

Hoy mi planta ha superado su difícil proceso y posa erguida, perfumando y embelleciendo el lugar que el jardinero escogió para que profundizara sus raíces. Hoy todos la admiran y se sienten atraídos por el dulce olor que emana a su alrededor. Hoy los pájaros hacen nido en sus ramas y las mariposas bailan sobre ella como si estuvieran celebrando juntas su victoria.

Florece en el lugar donde has sido plantado, extiende tus ramas, ahonda tus raíces y aunque en el proceso te sientas marchitar, llénate de valentía y ¡REVERDECE!

"Será como árbol plantado junto a corrientes de agua, Que da su fruto en su tiempo, y su hoja no cae. Y todo lo que hace prosperará…" Salmo 1.3

****

Oremos:

Señor Jesús, ayúdame a entender que tus propósitos para mi vida son mayores a los que yo pueda imaginar. Sácame de mi zona de comodidad y plántame en el lugar que tú has escogido para que yo pueda florecer. Permíteme perfumar a todos los que me rodean con el aroma de tu amor. Has que mis raíces se profundicen en ti para crecer a la estatura perfecta En Cristo Jesús, ¡Amén!

****

Mi diario de vida:

_____

_____

_____

_____

_____

_____

_____

_____

_____

_____

_____

_____

_____

_____

_____

_____

_____

_____

_____

_____

_____

Vasijas rotas

Feb. 28, 2016

"Lo siento mucho mamá" dijo el niño con voz asustada y temblorosa. *"Rompí tu vasija favorita, la que te regaló la abuela, pero te prometo que no lo quise hacer",* añadió mientras lágrimas bajaban a borbotones, como cascadas por sus mejillas rosadas. Su madre con voz calmada secó sus lágrimas, verificó que su pequeño hijito estuviera bien y con ternura lo abrazaba mientras le susurraba: *"Hijito, Tú eres mi mayor tesoro".* Entonces juntos, en silencio comenzaron a recoger los pedazos de lo que un día fue una hermosa vasija.

"¿Se podrá arreglar la vasija mamá? ¿Podremos pegar los pedazos nuevamente?" Preguntó el niño como queriendo remediar lo sucedido. *"No mi pequeño"* le contestó su mamá con voz suave *"Los*

cristales están hecho añicos." Prosiguió. *"No podremos rehacer la vasija; pero podremos utilizar los pedazos y con ellos hacer algo nuevo y mejor."* Concluyó. Y así, madre e hijo juntaron los pedazos de la vasija y con sumo cuidado y gran precisión prepararon un hermoso cuadro en mosaico, el cual colgaron de la pared para que todo el que los visitara lo pudiera ver.

A veces en nuestras vidas tomamos decisiones erradas, asumimos actitudes negativas, pronunciamos palabras hirientes que afectan relaciones y ofenden a las personas que más amamos, aún sin querer hacerlo y cual frágil vasija hacemos añicos lo hermoso de lo que un día pudo ser.

Todos en algún momento somos vasijas rotas buscando remendar los pedazos de nuestro corazón; fragmentado por las desilusiones, por el amor no correspondido, por la traición de un ser amado, por sueños inconclusos, por malos entendidos sin sentido que nos abruman y nos tratan de robar la paz.

Mas que hermoso es saber que aún en el momento más difícil que pudiéramos atravesar, tenemos un Dios amoroso que junto a nosotros recogerá los pedazos de nuestra vida y con ellos nos dará una nueva esperanza de levantarnos, restaurarnos y hacer de nosotros algo nuevo que todos podrán ver y se maravillarán, pues nuestro postrer estado será mayor que el primer.

Por eso, aunque sintamos que nuestras vidas no tienen sentido y que como una vasija rota hemos perdido toda esperanza de volver a ser, recordemos que nuestro amante Padre Celestial siempre estará a nuestro lado para recoger nuestros pedazos y hacer de nosotros su más grande obra de arte y su mayor tesoro. Vasijas de honra para Su Gloria. ¡Su poder en nosotros El ha de exhibir!

"Pacientemente esperé a Jehová,

y se inclinó a mí y oyó mi clamor, y me hizo

sacar del pozo de la desesperación, del

lodo cenagoso; puso mis pies sobre peña y

enderezó mis pasos. [3]Puso luego en mi

boca cántico nuevo, alabanza a nuestro

Dios. Verán esto muchos y

temerán, y confiarán en Jehová."

Salmo 40:1-3

****

Oremos:

Amado Padre celestial, mi corazón y mi vida están rotos por las diversas situaciones que me han tocado vivir. Sé que no podré echar hacia atrás el tiempo para deshacerme de los errores cometidos en el ayer, pero puedo confiar en tu gracia y en tu misericordia que son más grandes que mi entendimiento para que renueven mi vida y tú hagas de mí una vasija de honra. ¡Exhibe tu poder en mí! En tu nombre he orado, ¡Amén!

****

Mi diario de vida:

_____

_____

_____

_____

_____

_____

_____

_____

_____

_____

_____

_____

_____

_____

_____

_____

_____

_____

_____

_____

Tres flechas, una aljaba

03/11/2016

Tengo tres flechas en mi aljaba las cuales he ido preparando para cuando estén listas lanzarlas al blanco de la vida. Tres flechas que aunque distintas, son iguales, pues llegaron a mi vida para darle un motivo y una razón de ser. Tres flechas con características diferentes, pero cada una con una misión importante en su generación que, cual saeta traspasarán los límites y alcanzarán el destino para el cual fueron creados. Tres flechas. Mis tres flechas. Mis hijos.

Cada uno de ellos ha sido formado cuidadosamente. Desde que nacieron, mi esposo y yo nos hemos encargado de darle las herramientas necesarias para desarrollarse en este mundo de tanta trivialidad. Hemos sembrado en ellos semillas de bien, de autoconfianza, que al pasar de los años

● ● ●

sabemos que florecerán. Hemos forjado un destino para que ellos puedan vivir la vida a plenitud y que en cada paso que den por el sendero de la vida ellos puedan ver que no hay obstáculo difícil de vencer. Porque la vida por ser vida tiende a traer desafíos que los harán llorar, que los harán crecer, que los harán madurar.

Sin embargo, llega ese momento cuando tienes que despedirte del niño que ya no está, porque te das cuenta que ya no son los pequeños indefensos que un día necesitaban de tus cuidados a todas horas. Tampoco son los adolescentes revoltosos que necesitaban de una guianza continua. Se han convertido en pequeños adultos que reflejarán lo que a través de los años han aprendido de ti. Y es ahí cuando te enfrentas a la realidad si hiciste un buen trabajo o si por el contrario perdiste la oportunidad de forjar un ser humano de bien. Porque los hijos no son nuestros hijos, son hijos de la vida que crecerán eventualmente y emprenderán su propio vuelo.

Tengo tres flechas en mi aljaba que cada día prepararé para lanzarlas al blanco de la vida. Con mi ejemplo les modelaré y con mis cuidados los guiaré para que al ser lanzados puedan alcanzar la meta para el cual un día los preparé.

Ojalá que a final de nuestras vidas podamos mirar hacia atrás y ver que hemos dejado en nuestros hijos una herencia, un legado de fe, de amor, de fidelidad, de bien. Y que al cerrar nuestros ojos para dormir el sueño eterno, tengamos la satisfacción de haber completado con éxito nuestra más grande e importante misión.

Tres flechas. Mis tres flechas. Mis hijos.

"Porque herencia de Jehová son los hijos y cosa de estima el fruto de tu vientre..."

Salmo 127:3

****

Oremos:

Amado Padre Celestial, gracias por el privilegio que me has dado de ser madre. Permíteme guiar a mis hijos por el camino que tú has trazado para ellos y enseñarles a amarte a ti por encima de cualquier circunstancia. Ayúdame a proveerle las herramientas necesarias para que al crecer ellos puedan ser personas de bien y que en todo momento ellos te puedan ver a ti. Gracias por mis hijos. En tu dulce nombre Jesús, ¡Amén!

****

Mi diario de vida:

_____

_____

_____

_____

_____

_____

_____

_____

_____

_____

_____

_____

_____

_____

_____

_____

_____

_____

_____

_____

_____

_____

Yo me lo creí...

09/20/2016

De pequeña me dijeron que Santa Claus existía y que si me portaba bien me traería un regalo ¡Y yo me lo creí!

Me dijeron que cuando se me caía un diente, si lo metía debajo de la almohada el ratoncito o el hada de los dientes me traería dinero ¡Y yo me lo creí!

Durante mi pubertad me dijeron que era fea, que cantaba horrible y que al escucharme cantar, los oídos de la gente sangraban de dolor ¡Y tristemente yo me lo creí!

A medida que fui creciendo me dijeron que no lograría mucho en la vida, que estaría sola, que nadie me amaría, que no serviría. Me dijeron que el mundo estaba enfermo y que no valía el esfuerzo luchar por los sueños. ¡Y lamentablemente eso también yo me lo creí!

• • •

Y así fui creciendo, con inseguridades, con miedos y complejos, con tristeza profunda en mi corazón, respirando sin vivir, caminando cabizbaja por la vida, creyendo las mentiras de un mundo desalmado que intentó detenerme en el camino.

Hasta que un día me dijeron que JESUS me amaba, que yo era importante porque yo era suya, y que mi vida estaba en sus manos. Entonces, todo cambió porque ¡ESO SI YO ME LO CREI!

¡Desde entonces río, canto, sueño, vivo! Ahora camino con mi frente en alto por la vida sabiendo que soy hija y no sierva ¡Y solo los hijos heredan del Padre! ¡Camino con paso firme reconociendo que mis caminos son trazados por El! ¡Sueño en grande, consciente de que mis sueños no son míos sino los sueños de El depositados en mí!

Me miro al espejo y veo en mí a una hermosa y radiante mujer, con identidad propia, de sonrisa encantadora, forjadora de sueños y esperanza. Veo a una mujer valiente que cree en aquel que la llamó de las tinieblas a su luz admirable. Veo a una mujer capaz de lograr lo que se proponga, pues sus fuerzas provienen del Padre Celestial. Veo a una amante esposa, una tierna y motivadora madre, una hija amorosa, una hermana confidente, una amiga leal y fiel, una mujer que se ama a sí misma y ama profundamente a otros, porque primero fue amada por Dios. Pero sobretodo, camino por la vida con la seguridad de que nunca estoy sola y que en medio de cualquier adversidad o circunstancia que se pueda presentar; Mi Dios, Mi Padre, siempre estará de mi lado, nunca me dejará, nunca me abandonará ¡Porque soy Su propiedad!

A menudo, en nuestras vidas prestamos nuestros oídos equivocadamente para escuchar el murmullo y las mentiras del mundo que nos llama inservibles y fracasados. Un mundo vano que nos dice que no lograremos nada, que estamos solos y que todo está perdido. En ocasiones escuchamos las voces del sinsabor que nos quieren aplastar y cortar la respiración para que no nos levantemos y no logremos alcanzar el propósito de Dios para nuestras vidas. Sin embargo, en medio del bullicio que gritan las circunstancias, debemos afinar nuestros oídos espirituales para escuchar la voz de nuestro amante Padre Celestial que nos dice: *¡Eres Más Que vencedor! ¡Eres real sacerdocio! ¡Eres linaje escogido¡ ¡Eres nación santa¡ ¡Eres pueblo adquirido por Dios! ¡Todo lo puedes en mí porque YO te fortalezco! ¡Eres mío! ¡Te puse nombre! ¡Yo te redimí!*

¡Basta ya de vivir abrumados por pensamientos erróneos y frustrados que nos desvían del diseño original con el que fuimos creados! ¡Desafiemos las creencias equivocadas e infundadas que se fueron formando en nosotros por todo lo que vimos, escuchamos y experimentamos!

¡Creámosle a Dios! ¡Vivamos para El! ¡Y Él se encargará de tornar nuestro lamento en baile hasta ceñirnos de alegría y llenarnos de su poder!

"Jehová el Señor es mi fortaleza el cual hace mis pies como de cierva y en mis alturas me hace andar..." Habacuc 3:19

****

Oremos:

¡Amado Padre! Ayúdame a creer en ti por encima de lo que mis ojos vean, mis oídos escuchen y mis sentimientos me dicten. Enséname que fui perfectamente diseñada por ti y que en ti soy más que vencedora. Cierra mis oídos al bullicio vano que me aleja de tu propósito y dirígeme a alcanzar el sueño que tú has diseñado para mí. En tu dulce nombre JESUS, ¡Amén!

****

Mi diario de vida:

_____

_____

_____

_____

_____

_____

_____

_____

_____

_____

_____

_____

_____

_____

_____

_____

_____

_____

_____

_____

_____

Y si no nos libra... ¿Qué?

9/19/2017

"Sadrac, Mesac y Abed-nego respondieron al rey Nabucodonosor, diciendo: No es necesario que te respondamos sobre este asunto. He aquí nuestro Dios a quien servimos puede librarnos del horno de fuego ardiendo; y de tu mano, oh rey, nos librará. Y si no, sepas, oh rey, que no serviremos a tus dioses, ni tampoco adoraremos la estatua que has levantado." Daniel 3:16-18

¿Y si no nos libra? ¿Qué? ¿Dejará Dios de ser Dios? ¿Dejará Él de ser todopoderoso? ¿Disminuirá nuestra fe en Él? ¿Dejaremos de creer? ¿Dejaremos de confiar? ¿En quién está puesta nuestra esperanza? ¿A quién le hemos creído?

La vida está llena de retos y situaciones en las que las circunstancias que nos rodean no parecen ser las ideales. A menudo las noticias que recibimos son para nada

• • •

alentadoras. Constantemente el mundo susurra muerte y aflicción, nuestra fe es sacudida ante los pronósticos de la vida y somos tentados a desfallecer. ¡A dejar de creer! Y en medio de tanto vaivén nos preguntamos de Dios ¿Nos librará de tanta aflicción? ¿Nos librará como dijo, de todo mal?

Y si no nos libra... ¿Qué?

Bueno sería que, como aquellos tres jóvenes valientes Sadrac, Mesac y Abednego nos podamos enfrentar al Nabucodonosor que nos quiere amedrentar y cual mar embravecido nos pretende hundir en las olas de la desesperación, incertidumbre y desesperanza. Y que con firmeza y determinación lo podamos confrontar y declarar a viva voz: ¡Mi Dios, mi Rey, puede librarme de cualquier adversidad o de cualquier circunstancia que se levante contra mí, pero si no lo hiciera igual yo le adoraré y aún más! ¡Y no dejaré de creer en aquel que me llamó! ¡En aquel que me escogió! ¡En aquel que me amó primero a pesar de mi!

Y si no nos libra… ¿Qué?

Es una pregunta que todos nos debiéramos hacer. Que como estos tres jóvenes, nos rehusemos a la ansiedad de lo desconocido. Nos rehusemos a ver morir nuestros sueños y nuestra fe. Que podamos estar seguros, caminando y adorando en medio de la tempestad y que nuestra fe sea tan inquebrantable que nada ni nadie nos pueda mover.

¡Que en medio de cualquier situación o circunstancia sigamos confiando en la soberanía de nuestro Padre Celestial! Que sea cual fuere la situación, nuestro Dios nos puede librar de lo que sea, pero si no lo hiciera ¡Aún así le SERVIREMOS y por siempre le ADORAREMOS!

Y si no nos libra... ¿Qué?

Entonces nacerá tu luz como el alba, y tu salvación se dejará ver pronto; e irá tu justicia delante de ti, y la gloria de Jehová será tu retaguardia... Isaías 58:8

****

Oremos:

Eterno Dios y Padre Celestial, ¡Ayúdame cada día a confiar más en ti y menos en mí! Hazme entender que tú tienes todo dominio y potestad para librarme de cualquier adversidad, pero si no lo hicieras, que mi relación contigo no dependa solo del bien que pueda recibir de ti sino que aún en medio de la adversidad yo te pueda servir y adorar en espíritu y en verdad. En Cristo Jesús Señor nuestro, ¡Amén!"

****

Mi diario de vida:

_____

_____

_____

_____

_____

_____

_____

_____

_____

_____

_____

_____

_____

_____

_____

_____

_____

_____

_____

Después de la tormenta

09/25/17

Vivo en una isla del trópico muy propensa a recibir el embate de huracanes y otras emergencias atmosféricas. Vivo en la bendecida isla del cordero, Puerto Rico.

Hace algún tiempo nuestra isla, al igual que muchas otras islas del Caribe, sufrieron el embate de dos ciclones en menos de dos semanas que trajeron consigo mucha destrucción, muertes y desolación.

Las lluvias y los vientos huracanados eran tan fuertes que los árboles que lograron resistir y mantenerse en pie, antes verdes y frondosos, ahora solo eran estillas secas y sin aparente vida. Las casas, antes viviendas acogedoras, ahora eran solo estructuras destruidas sin techos ni color. La incertidumbre causada era la orden del día. Y los deseos de huir, de dejar todo y salir corriendo iban en crescendo a medida que pasaba el tiempo.

Sin embargo, pese a toda la secuela que trae consigo un huracán me atrevo decir que un huracán no es malo, pero tampoco es bueno, simplemente es una verdad de la que no podemos huir, pero de la que podemos aprender mucho.

Los huracanes vienen a remover escombros, a llevarse todo aquello que no está bien cimentado, a sacar del medio toda suciedad y todo lo que estorba y que no nos deja ver lo maravilloso que hay detrás de cada cortina de humo creada por nuestros propios miedos, temores y conceptos que nos nublan la vista y nos hacen pensar que no hay nada más por qué vivir o luchar.

Después de la tormenta nada vuelve a ser igual y lo que sobrevive tiene dos opciones, dejarse ahogar por las circunstancias y la realidad de lo que está sucediendo a su alrededor o por el contrario levantarse entre las cenizas y reverdecer como árbol plantado junto a corrientes de agua que da su fruto a su tiempo y su hoja no cae.

Es mi oración que ninguna tormenta en nuestras vidas sea tan grande que haga desvanecer nuestra fe. Que ninguna tormenta socave los cimientos que hemos levantado en amor y con la confianza de que nuestro Padre Celestial está en control, aunque nuestros ojos estén viendo lo contrario.

Permitamos que las tormentas por las que atravesemos nos quiten la venda de nuestros ojos de manera que podamos ver a Dios obrando a nuestro favor aún en las cosas más sencillas de la vida. Después de la tormenta existe la posibilidad de un nuevo comienzo plagado de esperanza y con la certeza de que no es el final sino el principio de una nueva y mejor vida dirigida por aquel que nos llamó de las tinieblas a su luz admirable.

"Será como árbol plantado junto a corrientes de agua que da su fruto a su tiempo y su hoja no cae..." Salmo 1:3

****

Oremos:

¡Amado Señor! Permíteme verte a ti obrando en cada área de mi vida. Saca, remueve, quita todo lo que impida que yo pueda alcanzar tu perfecta voluntad. Hazme entender que cada tormenta en mi vida tiene un propósito y me acerca a mi destino profético en ti. ¡Gracias por tu gran amor! ¡Gracias por tu infinita misericordia! En el dulce nombre de Jesús, ¡Amén!

****

• • •

Mi diario de vida:

_____

_____

_____

_____

_____

_____

_____

_____

_____

_____

_____

_____

_____

_____

_____

_____

_____

_____

_____

_____

_____

Aquella noche...

11/13/2019

Aquella noche, viajábamos mi esposo y yo de regreso a nuestro hogar cansados por un día extremadamente agotador entre compromisos personales y ministeriales. Debido a que aún faltaba un buen tramo para llegar a la casa, decidimos detenernos en un puesto de gasolina para recargar combustible y comprar algunos comestibles para el camino.

Mientras esperaba a mi esposo me distraje jugando con mi celular y al levantar la mirada me topé con una escena que quedó grabada por siempre en mi mente y en mi corazón. Un joven con ropa sucia y andrajosa, cabello despeinado y presumiblemente mal oliente estaba sentado sobre un cartón mojado al pie de la puerta de la gasolinera pidiendo a los transeúntes alguna limosna para comprar algo de comer y mitigar el hambre que le asediaba. En eso, veo a mi esposo salir con sus manos llenas y deteniéndose frente al chico lo veo alimentándolo, dialogando con él, orando y luego con la ternura de un padre que espera ansioso la llegada de su hijo pródigo, abrazarlo.

Al ver a mi esposo dándole unos bocados de pan a este muchacho, ministrándole amor y una palabra poderosa, no pude evitar pensar en el gran amor que nuestro Padre celestial tiene hacia cada uno de nosotros. ¡Nuestro Dios que no importando nuestra condición, nos amó, nos rescató, nos abrazó, nos limpió y nos ha dado su identidad!

Como atalaya del evangelio, la acción de mi esposo me hizo analizar mis propios caminos y pude reforzar que servir a Jesús no se trata de grandes tarimas o ser reconocido entre los "grandes". No se trata de pertenecer a la "socia lite" del evangelio o ser parte del "club de los favoritos de Dios".

● ● ●

Servir a Jesús se trata de esparcir su amor fuera de las cuatro paredes del templo. Se trata de dar comida al hambriento y bebida al sediento. ¡Es dar por gracia lo que por gracia hemos recibido! ¡Es amar, es abrazar, es orar por quienes lo necesitan!

No necesitamos ser grandes en la tierra, si no que en el día que estemos ante la presencia de nuestro Padre, Él nos pueda decir: "Ven buen siervo y fiel, en lo poco fuiste fiel, en lo mucho te pondré. ¡Entra en el gozo de tu Señor!

Mi esposito nunca supo que tomé fotos de ese momento y mucho menos que compartí este escrito, pero hoy honro su corazón lleno del amor del Padre y agradezco al Eterno haberme regalado un hombre dulce, sensible a su voz y lleno de detalles. Un hombre conforme al corazón de Dios.

"Mirad cual amor nos ha dado el Padre, que seamos llamados hijos de Dios…" 1 Juan 3.1

****

Oremos:

Amado Padre, ayúdanos a servirte de corazón y a esparcir tu amor a quienes más lo necesitan. Enséñanos a amar como tú nos has amado a nosotros y a reconocer que el grande eres tú. Llena nuestros corazones de tu amor para que así podamos dar a otros un poco de lo mucho que tú nos has dado. En Cristo Jesús hemos orado, ¡Amén!

****

Mi diario de vida:

_____

_____

_____

_____

_____

_____

_____

_____

_____

_____

_____

_____

_____

_____

_____

_____

_____

_____

_____

_____

Preservados

Preservar consiste en proteger, cuidar, amparar o defender con anticipación, resguardar de algún daño o peligro a una persona o cosa.

Por años Dios ha protegido nuestros corazones ante los daños que han intentado detenernos. Nos ha defendido ante la injusticia y las mentiras que han intentado intimidarnos. Ha cuidado nuestros pasos para que nuestros pies no tropiecen en el camino. Ha protegido nuestras vidas de peligros y aún de la misma muerte y nos ha mostrado en su gran amor que para este tiempo fuimos escogidos y separados para Él.

Cuando comenzamos en fe y en total obediencia a trabajar en la obra ministerial que Dios nos entregó, no teníamos idea del camino pedregoso que nos esperaba. Mas creyendo en la palabra depositada en nosotros, empacamos nuestras maletas espirituales y salimos con gozo a la tierra que Dios nos separó. Como familia, sabemos lo que es empezar literalmente solos la encomienda dada por Dios y lo que esto trae consigo. Como Abraham, sabemos lo que es salir de nuestra tierra y nuestra parentela a la tierra que Dios nos envió. Como David sabemos lo que es ser perseguidos por Saúl y aún así amar, respetar y honrar. Como la viuda, sabemos lo que es dar lo último que teníamos y ver cómo Dios multiplica y provee.

En el proceso hemos llorado, pero también hemos reído. Hemos sentido soledad y abandono, pero más aún hemos visto y experimentado el amor y la gracia de nuestro Padre abrazándonos en todo momento. Hemos visto cómo de la nada Dios ha creado algo maravilloso para su gloria.

Hoy miramos atrás y así como el pueblo de Israel celebró luego de cruzar el Mar

Rojo, ¡Hoy nosotros podemos celebrar la victoria de haber obedecido el llamado de Dios! Hoy podemos gritar a voz en cuello EBENEZER, ¡Hasta aquí nos ha traído el Señor!

Hoy no hay tristeza. Tampoco hay dolor. Solo gozo y alegría de poder ver, palpar y disfrutar el plan perfecto de Dios ¡Hoy somos más fuertes! ¡Hoy somos más conscientes! ¡Hoy disfrutamos! ¡Hoy celebramos! Porque...

¡FUIMOS, SOMOS y SEREMOS PRESERVADOS!

"Guárdame, oh Dios, porque en ti he confiado." Salmo 16:1

****

Oremos:

¡Precioso Jesús! ¡Gracias por preservar nuestras vidas para tu Gloria! ¡Ayúdanos a obedecer tu voz y caminar siguiendo tus instrucciones! Que nada ni nadie nos desvíe de tu propósito y que podamos disfrutar en ti la preservación de vida que nos has dado. Que nuestras vidas y nuestros actos te honren y que siempre podamos adorarte por lo que has hecho, por lo que haces y continuaras haciendo en nuestras vidas. Gracias Señor, ¡Amén!

****

Mi diario de vida:

_____
_____
_____
_____
_____
_____
_____
_____
_____
_____
_____
_____
_____
_____
_____
_____
_____
_____
_____
_____
_____
_____

Desde mis prisiones

03/19/2020

El mundo hoy está viviendo un tiempo de crisis muy marcado. La incertidumbre nos arropa y el miedo al futuro o a lo desconocido es la orden del día. Forzosamente nuestras agendas han cambiado, somos "prisioneros" en nuestras propias casas y hasta se nos exhorta (por no decir impide) ni abrazar, ni besar a los que más amamos. Ciertamente son tiempos muy duros. Pero los que amamos a Dios y le servimos de todo corazón tenemos la certeza de que en medio de la adversidad podemos disfrutar de Su paz. ¡Su paz que sobrepasa todo entendimiento! Aunque físicamente resguardados, ¡Nuestros labios y nuestro corazón jamás serán prisioneros y podrán dar su mejor adoración!

Cuando Pablo y Silas estuvieron presos, atados de manos y pies, estaban estancados, inmóviles, sin ninguna aparente esperanza, puestos a morir. Mas nada pudo detener su adoración y esa misma adoración fue la que los libertó a ellos rompiendo sus ataduras y sus prisiones, pero más aún la de los demás presos que fueron también impactados por la adoración de dos hombres que sabían en quien habían creído.

Hoy te invito a que en medio de tu prisión sea cual sea (ansiedad, soledad, depresión, enfermedad, desesperanza, desesperación, etc.) tú también puedas abrir tu boca y que de tus labios salga una adoración pura y genuina para nuestro Dios. ¡Y esa misma adoración será la que romperá cadenas en ti y en la de tu familia!

¡Que ninguna voz extraña suene más alto que tu canción de adoración en medio de la tribulación!

"Tú guardarás en completa paz a aquel cuyo corazón en ti persevera porque en ti ha confiado." Isaías 26.3

****

Oremos:

¡Hermoso Jesús! Hoy venimos ante ti presentándote nuestras prisiones. ¡Te suplicamos que nos arropes con tu paz y que de nuestros labios siempre salga una alabanza para ti! ¡Depositamos sobre ti toda ansiedad creyendo que tú estás siempre en control y no dudaremos de tu poder! Te damos gracias por tu amor y tu paz y descansamos en tus promesas. En tu nombre poderoso, Amén.

****

Mi diario de vida:

_____

_____

_____

_____

_____

_____

_____

_____

_____

_____

_____

_____

_____

_____

_____

_____

_____

¡Ríe...Baila...Ama...Vive!

04/11/2020

La vida, con sus altas y sus bajas, sus aciertos y desaciertos, sus realidades y sus verdades me tendió una trampa, ¡Y yo caí en ella! Y me hizo presa de la incertidumbre obligándome a acostarme en una cama de desesperanza y confusión. La ansiedad me arropaba cual sabana en la noche y la sensación de impotencia era mi compañera inseparable. Sentía que no tenía salida. ¡Hasta que un día escuché en mi interior una voz que me despertó! ¡Era la voz de mi Padre Eterno que con amor me llamaba! Entonces decidí levantarme y despojarme de toda pesadumbre. ¡Decidí que el encierro físico jamás encerraría mis ganas de vivir!

¡Decidí arreglarme y lucir bella solo para mí! ¡Decidí dibujar una sonrisa en mis labios y en mi corazón para que siempre pudiera brotar una alabanza sincera a mi Creador! ¡Decidí bailar y cantar! ¡Decidí no tener miedo! ¡Decidí no morir! ¡Decidí ser feliz!

En el proceso aprendí, que ninguna circunstancia se robe mi confianza. Que mi fe no mengüe ante la adversidad pues no depende de lo que veo o siento, sino de en quien he creído. Que mis pies no se detengan ante el temor, pues mis fuerzas no vienen de mis capacidades sino del que me ha hecho más que vencedor. Que mis labios no se callen ante el dolor y que siempre puedan hablar palabras de bendición.

¡Ríe...Baila...Ama...Vive! ¡Date cuenta que nuestro Dios siempre tiene el control!

"Has cambiado mi lamento en baile; Desataste mi cilicio y me ceñiste de alegría..."
Salmo 30:11

****

Oremos:

¡Señor Jesús! Te presentamos nuestras vidas, nuestros temores. ¡Que Ninguna circunstancia sea más grande que nuestra fe y nuestro amor por ti! ¡Y que siempre podamos confiar plenamente en ti y en tus cuidados! Por Cristo Jesús te lo pedimos, ¡Amén!

****

Mi diario de vida:

_____

_____

_____

_____

_____

_____

_____

_____

_____

_____

_____

_____

_____

_____

_____

_____

_____

_____

_____

_____

_____

$\mathcal{S}$obre la autora

Michelle Estepa Cardona es madre, esposa, amiga, mujer. Con su particular forma de escribir, Michelle utiliza todos sus talentos para destacar el amor y la bondad de un Dios real y presente en su vida. Es pastora, cantautora, conferencista, fotógrafa y actriz. Reside en la bella isla del encanto Puerto Rico junto a su esposo el Pastor Cuauhtémoc David Quintero y sus tres hijos Jonathan David, Marc Anthony y Dachelle Ellysse.

Made in the USA
Middletown, DE
16 September 2021

46775571R00099